공공성 담론의 지적 계보

－자유주의를 넘어서

조승래

1954년 서울에서 태어나 서강대학교 사학과를 졸업하고 같은 학교 대학원에서 "18세기 공화주의 연구"로 박사학위를 받았다. 1984년부터 청주대학교 역사문화학과 교수로 재직하면서 영국문화원 초빙연구원, 웨일스대학교 객원교수를 지냈다. 한국서양사학회 회장, 문화사학회 회장, 호서사학회 회장을 역임했으며 주요 저서로는 『공화국을 위하여』(길, 2010)가 있다. 현재 공화주의 자유론을 다룬 『노예의 자유를 넘어서』(길, 2014)의 출간을 앞두고 있으며 공화주의와 세계화, 재분배, 환경, 여권, 이민과 다문화 등 현대 사회의 여러 문제들을 연관시킨 저서를 준비 중에 있다. 주요 역서로는 『퀜틴 스키너의 자유주의 이전의 자유』(푸른역사, 2007)와 『이 세상이 백 명이 놀러온 캠핑장이라면 - 어느 사회주의자의 유언』(이숲, 2013)이 있다.

서강학술총서
068

공공성 담론의 지적 계보

자유주의를 넘어서

조승래 지음

서강대학교 출판부

서강학술총서 068

공공성 담론의 지적 계보−자유주의를 넘어서

초판발행 | 2014년 6월 20일 1쇄
　　　　　 2019년 1월 20일 3쇄
지 은 이 | 조승래
발 행 인 | 박종구
편 집 인 | 이정재
발 행 처 | 서강대학교 출판부
등록번호 | 1978년 9월 28일 제313-2002-170호

주 소 | 서울특별시 마포구 백범로 35번지
전 화 | (02) 705-8212
팩 스 | (02) 705-8612

ⓒ 조승래, 2014 Printed in Korea
ISBN 978-89-7273-250-1　94920
ISBN 978-89-7273-139-9(세트)

값 20,000원

* '서강학술총서'는 SK SUPEX 기금의 후원으로 제작됩니다.

오늘날 우리 사회에서는 물론 전 세계적으로 사회의 공공성을 제고
해야 한다는 목소리가 높아지고 있다. 바로 몇 년 전 마이클 샌델의
『정의란 무엇인가?』가 우리 독서계에 큰 반향을 일으킨 것도 이런 맥
락에서 그 이유를 찾을 수 있을 것이다. 그는 '정의와 공동선'이라는
제목을 단 그 책의 결론부에서 사회 구성원 간의 상호존중에 기초해
공동선을 추구하는 정치가 우리의 공공적 시민적 삶의 재건을 통해
가능하다고 주장한다.

이런 목소리들이 나오는 이유는 지난 세기 80년대 이후 전 세계를
광풍처럼 휩쓴 신자유주의가 사회의 공공성을 여지없이 파괴했기 때
문이다. 신자유주의의 열렬한 신봉자였던 영국 총리 마가렛 대처는
"애초에 사회라는 것은 없고 오로지 개인들과 그 가족들이 있을 뿐"이
라고 기염을 토했다. 이 말에는 사회 구성원들의 연대와 참여를 통해
공공의 복지와 공동선을 추구하는 것보다는 개인들 간의 무한 경쟁을
통해 각자 알아서 행복을 추구하는 것이 우선이라는 함의가 깔려있다.
그리하여 이러한 개인들 간의 무한 경쟁을 통해 시장 경제를 활성화하

는 것이 소위 국가의 경쟁력과 효율성을 살릴 수 있는 유일한 길이라는 것이다. 이러한 신자유주의의 득세는 소련과 동구권의 현실 사회주의의 몰락과 맞물려 마치 역사적 필연성의 결과인 듯 인식되었고 세계화의 물결을 탔다. 그러나 오늘날 전 세계적으로 나타나는 양극화의 피폐한 현실은 분명 대안을 요구하고 있다.

따라서 이 시점에서 절실히 그리고 긴박하게 요구되는 것은 사회의 공공성을 되살리고 이에 기초해 민주적 기획을 통해 이 문제를 풀어야 한다는 것이다. 이를 위해서는 먼저 그것을 이념적으로 뒷받침해 줄 수 있는 지적 담론들을 발굴해 공론의 장으로 끄집어내야 한다. 이 책의 목적은 이러한 대안의 이념적 기초가 될 수 있는 공공성 담론들을 지성사적으로 추적하여 사회의 공공성 회복과 확립이 건강한 사회 발전과 개인들의 자기실현을 위해 필수적인 전제 조건임을 설파한 지식인들의 목소리를 되살리려는데 있다. 특히 신자유주의를 포함한 자유주의의 여러 분파의 지식인들이 공공성에 대한 강조가 자칫 잘못 하면 전체주의로 흐를 수 있다는 기우와 비판을 멈추지 않고 있다는 점을 염두에 두고, 공공성에 대한 강조가 사회의 다원성을 훼손하지 않으면서도 원자론적 개인주의를 극복할 수 있는 근본적이고도 효과적인 길임을 밝힌 지식인들의 공공성 담론에 초점을 맞추려고 한다.

이 책은 이러한 관점에서 크게 두 부분으로 구성되어 있다. I부는 주로 오늘날 헤게모니를 장악하고 있는 자유주의가 어떻게 사회의 공공성을 훼손하였는지를 비판하는 데 초점을 맞추고 있다. 그리고 공화주의에 대한 논의가 자유주의의 대안을 찾으려는 민주적 기획의 일환이 될 수 있음을 밝히고 있다. II부는 사회의 공공성 회복을 주장하는 현대의 대표적인 지식인들의 다양한 대안 담론을 소개하고 그 의미를 되새겨보려고 한다. 이 책이 어떻게 보면 매우 추상적인 논의를 전개하고 있기 때문에 독자들의 이해를 돕기 위해 먼저 그 내용을 간단히 요약해 소개하고자 한다.

일찍이 기원전 5세기 아테네 민주정의 지도자 페리클레스는 한 연설에서 아테네 시민들은 공적인 일에 참여하지 않는 인간은 해를 끼치지 않고 조용히 사는 사람이 아니라 쓸모없는 인간으로 간주한다고 선언했다. 공적 영역이 시민의 참여로 활성화 될 때 비로소 민주주의가 가능하고 민주주의 아래서만 인간은 인간답게 살 수 있다는 것이다. 18세기의 루소도 국가가 더 좋게 구성되면 될수록 시민들의 마음속에서는 공적인 것이 사적인 것을 그만큼 더 압도한다고 설파했다. 여기서 공적인 것을 추구하는 것은 정치적 참여와 연대를 통해 일반 의지를 실현하는 것을 의미한다. 이러한 언명들은 사회의 공공성을 추구하는 시민적 삶이 인간적 삶의 본령임을 밝히는 것이다.

주지하다시피 이러한 공공성 담론의 퇴조는 자본주의의 승리와 궤를 같이 했다. 자본주의를 이끌어 나가는 부르주아들은 자유주의라는 이데올로기로 이를 정당화했다. 자유주의는 개인의 사적 이익 추구를 통한 재산 소유 행위를 정당화하는 소유적 개인주의였다. 그것은 사적인 것이 공적인 것에 대해 도덕적으로나 정치적으로나 우위에 있으며 공적 영역이라는 것도 단지 사적 개인들이 원할 때만 구성될 수 있다고 가르친다. 자유주의는 이러한 사적 영역의 우위를 근대 사회에서 나타나는 필연적인 현상이라고 규정한다. 이렇듯 자유주의는 정치나 사회로부터 분리되고 보호받아야 하는 인간의 삶의 어떤 영역이 존재한다는 관념을 만들어 내고, 그 영역을 법, 경제, 그리고 정치의 공적 세계의 반대편에 놓으려고 한다. 즉 자유주의는 인간은 본질적으로 사적 개인이라고 규정한다. 이때 개인으로서 인간은 고립된 원자와 같은 것이요 전체 사회 조직은 단지 그러한 수많은 개인들의 집합체에 불과할 뿐이라는 것이다. 따라서 그러한 곳에서는 함께 추구해야 할 공동선도 존재하지 않으며 더불어 살아가야 한다는 연대 의식도 나타나지 않는다.

따라서 자유주의는 정치의 목적은 반드시 개인적 자유와 권리를 증진시키는 것이어야 한다고 단언한다. 이렇듯 자유주의는 폴리스가 개인에 선행한다는 아리스토텔레스의 명제에 대한 반명제라고 할 수 있다. 이때 개인의 우선성은 개인적 자유를 존중하는 것으로 구체화된다. 그리하여 자유주의는 개인적 자유에 특권적 지위를 부여한다. 즉 자유주의의 핵심은 개인주의로서 모든 사회적 제도, 규칙, 실천의 정당성은 그것이 개인의 자유에 기여할 때 비로소 확보된다는 것이다. 따라서 자유주의자들은 공동체의 공동의 이익보다는 개인의 자유를 우선시했다. 그들은 서로 타인의 결정을 존중하면서 간섭하지 않는 개인들이 각자 알아서 자신의 이익을 추구하면 보이지 않는 손에 의해 상충하는 이해관계는 자동적으로 조절된다고 보았다. 그들은 공동체의 이름으로, 이성적 명령이라는 미명 아래, 개인의 사적 이익의 추구를 간섭한다면 오히려 그것이 전제로 이르는 길을 닦는 것이라고 주장했다.

그러나 인간의 복지를 위해 필요한 다른 여러 가지 조건을 생각해 볼 때 그러한 특권적 지위는 정당성을 상실할 수도 있다. 자신에게 의미 있는 목적을 추구할 능력을 충분히 갖추고 있다면 타인의 간섭으로부터 보호받는 개인적 자유는 중요하다. 그러나 개인적 자유가 만족스러운 삶을 영위하는데 필요한 모든 것은 아니다. 개인의 복지를 구성하는 중요한 요인들이 결핍되었을 때, 즉 주택, 건강, 교육, 여가, 소득 등이 결핍되었을 때. 타인의 간섭을 받지 않는다는 의미의 개인적 자유가 아무리 많은들 그것이 그러한 결핍을 대체해 개인을 행복하게 하지는 않는다. 이렇게 본다면 자유주의가 집착하는 개인적 자유는 자유주의의 아킬레스건인 셈이다. 그것은 종국적으로는 사회의 공공성을 훼손하고 사회를 일종의 내전 상태로 몰아간다. 거기서 살아남기 위해 개인들은 저마다 알아서 처세술을 익히고 자기계발에 충실해야 할 뿐이다.

다행히 지난 세기 70년대 이후 일단의 지성사가들이 이러한 자유주의의 헤게모니에 대항하는 지적 작업의 일환으로 자유주의가 승기를 잡아가던 시대에 저항 담론으로 등장했던 공화주의 담론들을 발굴해 냈다. 공화주의는 인간을 사적 개인으로 규정하는 대신 공동체적 존재로서 부각시켰다. 그리하여 공화주의는 개인의 사적 이익을 추구하는 행위를 정당화 하는 대신 공동체의 공동선을 위해 공적 영역에 참여하는 행위를 우선시 했다. 이것은 개인의 권리에 앞서 시민적 덕이 선행되어야 사회의 공공성이 확보되고 공익 즉 공동의 복지가 가능하다는 주장이었다. 그래야만 인간들은 공동체의 평등한 구성원으로서 지위를 누리게 되고 종속의 굴레에서 벗어날 수 있다는 것이다. 그리하여 공화주의는 자유주의와는 달리 자유를 단지 간섭의 부재가 아니라 시민적 덕의 실현을 통해 동등자로서의 지위를 확보하는 것으로 규정했다. 이 책에서 소개되는 대부분의 지식인들은 일정 부분이나마 이러한 공화주의의 언어적 맥락 안에서 그들의 공공성 담론을 발화시켰다.

여기에 덧붙여 주목해야 할 것은 종교가 인간의 공적 시민적 삶을 정신적으로 뒷받침해야 한다는 시민종교론이다. 오늘날 현대 사회의 대부분의 종교들이 개인의 영혼 구제라는 명목으로 인간의 공적 시민적 삶의 세계와 분리되어 있는 상황에서 시민종교론이 지니고 있는 의미는 자못 크다. 특히 기복 신앙과 결부되어 종교가 공공성을 상실한 우리의 현실을 돌아 볼 때 더욱 그렇다. 여기서 반드시 언급해야 할 것은 그렇다고 해서 시민종교론이 국가를 신비한 숭배의 대상으로 떠받들고 국가를 위해 개인의 희생을 강요하는 전체주의의 비합리적 정치종교와는 전혀 다르다는 점이다. 시민종교론은 단지 종교의 목적이 인간들이 공동체 안에서 다른 인간들과 공적 생활을 통해 공동선을 합리적으로 추구해야 한다는 세속 정치의 목적과 부합한다는 점을 강조할 뿐이다.

19세기 말에 들어와 산업화 과정에서 사회의 공공성이 무너지면서 노정된 혹독한 양극화는 일단의 지식인들로 하여금 그것을 뒷받침해 주는 자유주의에 비판적 시각을 갖게 해주었다. 그들은 개인적 삶의 취약성과 불확실성을 넘어서게 해주는 윤리적 연대의식의 고취를 통해 인간들을 묶어 동료 시민으로 만들고 사회의 공공성을 회복시키는 것을 시대적 요청으로 받아들였다. 토머스 힐 그린이 그 대표적인 예이다. 그는 자유주의의 야경국가론을 비판하면서 간섭의 부재를 자율적 행위의 여러 분리된 영역에 적용시키는 것으로 문제가 해결되지 않는다고 주장한다. 또한 간섭의 부재가 개인들이 추구할 수 있는 선 가운데 유일하게 중립적인 개념도 아니라는 것이다. 그것은 연대와 협동이 아니라 경쟁과 축적을 미덕으로 보는 자본주의의 에토스의 반영일 뿐이라는 것이다. 그린은 당시 헤게모니를 장악하고 있었던 고전적 자유주의가 영국이 직면하고 있는 사회적 문제들을 해결하는 데 더 이상 유효하지 않음을 간파하고 고전적 자유주의의 핵심인 개인주의와 자유방임주의에서 탈피하여 공동체 정신을 강조하고 국가 개입을 정당화하는 이론적 작업에 몰두하였다.

이 과정에서 그린은 먼저 자유의 의미를 새롭게 규정했다. 그린은 국가 개입에 반대하면서 신성한 권리로서 사적 계약의 자유를 주장하는 기득권층에 대해 자유란 개인이 자신의 사적 영역을 확보함으로써 누릴 수 있는 것이 아니라고 반박했다. 그는 자유란 가치가 있는 일을 타인들과 함께 공동으로 구가할 수 있는 적극적 힘 혹은 능력이라고 규정해야 비로소 사회적으로 바람직한 것이 된다고 강조했다. 즉 자유는 공적 영역에서 함께 누릴 때 자유라고 할 수 있다는 것이다. 국가의 개입을 자유의 침해라고 하는 측에 그린이 하고 싶었던 말은 자유는 정의와 평등이라는 사회적 원리들과 별개로 논의될 수 없다는 것이었다. 그리하여 남보다 더 큰 자유를 원하는 것은 도덕적 존재로서 인간이 취해야 할 태도가 아니라는 것이다. 인간들이 자기실현의 역량을 발휘해 인격적 개인으로 사는 것은 단지 다른 인간들과 상호교류를 통해서만 가능한 것이기 때문이다.

그린은 하나의 연대로서 그 안에서 다른 구성원들의 요구가 자신의 요구처럼 받아들여지는 사회가 좋은 사회이며 그런 사회에서만 인간은 자기를 실현할 수 있다고 주장한다. 이런 사회를 만들기 위해 그린은 시민정신을 발휘할 것을 요구한다. 그것은 바로 국가에 대한 봉사로서 사적 개인으로만 살아가는 것이 아니라 공민으로서 행동하는 것을 말한다. 그것은 단지 국가로부터 개인의 인신과 재산의 권리를 수동적으로 보호 받는 것으로만 국가와 개인과의 관계를 설정해서는 안 된다는 것을 뜻한다. 그것은 직접적으로든 간접적으로든 공적인 일에 적극적으로 참여해 자신들이 지켜야 하는 법을 만들고 유지하는 일에 자신의 몫을 다하는 것이다. 그는 사회를 단순히 사적 개인들의 집합체로 보지 않았다. 사회는 서로를 수단으로 여기지 않고 목적으로 대하는 평등한 구성원들이 참여와 연대를 통해 공동선을 추구해야 하는 공동체라는 것이다.

20세기 중반에 들어와 개인주의적 자본주의의 모순은 전체주의라는 또 하나의 괴물을 탄생시켰다. 전체주의가 사회의 공공성의 파괴를 야기한 개인주의적 자유주의에 의해 초래된 참상임을 폭로한 지식인이 바로 한나 아렌트였다. 그녀는 전체주의에서 벗어나는 길을 개인주의적 자유주의의 회복과 강화를 통해서가 아니라 고대 폴리스 정신의 회복에서 찾으려고 했다. 즉 인간의 사적 영역의 확대가 아니라 공적 영역에 대한 적극적 참여가 절실히 필요하다는 것이다. 그것은 개인주의적 자유주의가 전체주의의 대척점에 있는 것이 아니라 그 원인 제공자라고 보고 있기 때문이다.

그녀는 아리스토텔레스의 *zoon politikon*을 사회적 동물이 아니라 정치적 동물로 해석하면서 자신의 논의를 시작한다. 인간을 정치적 동물이라고 규정하는 것은 바로 인간이 가사 혹은 가계라는 사적 영역에서 벗어나, 즉 자기만의 세계에서 벗어나, 공동의 삶의 세계로 진입하는 것을 의미한다. 즉 인간이 공적 영역에 자신을 출현시키는 것을 말한다. 그리하여 공적 영역은 인간이 스스로 살아남기 위해 필요한 노동과 작업의 장소가 아니라 함께 살아가기 위한 행위와 언행의 장소이다. 그리고 그로부터 인간의 일들이 시작되는 곳이다. 아렌트는 이러한 공적 영역의 본질적 특징을 자유라고 주장한다.

그녀는 근대 부르주아 자유주의 사회에 들어와 이러한 공적 영역의 우월성이 사라졌다고 개탄한다. 그리고 아예 공적인 것과 사적인 것의 의미도 바뀌었다는 것이다. 고대적 의미의 사적인 것은 무엇인가를 상실한 것을 의미했다. 즉 공적 영역에서의 행위와 언행이라는 인간적 수월성을 상실한 것을 의미했다. 그리하여 그것은 자유를 상실한 상태였다. 그러나 근대에 들어와 개인주의의 발달로 그러한 상실의 의미는 사라졌다는 것이다. 공적 영역의 상실은 곧 인간성의 파괴로 이어졌다고 그녀는 개탄한다. 행위와 언행이 없는 삶은 인간이기를 포기하는 것과 같기 때문이다. 그리고 인간들 사이에서 함께 살지 않는 삶은 의미 없는 삶이기 때문이다. 그렇다고 해서 근대 사회에 들어와 개인의 사적 영역이 더 넓어지고 확실히 보장받게 된 것도 아니었다고 그녀는 강조한다.

근대 사회에 들어와서는 모든 공동체가 단순히 노동과 직업의 영역으로 변했다. 즉 생물적 삶이 필요로 하는 것에 의해 지배되는 가계 영역이 인간 활동의 전 영역을 지배하게 되었다는 것이다. 아렌트는 이러한 현상을 사회적인 것의 등장이라고 불렀다. 그녀는 정치 영역으로서 공적 영역도 단순한 행정의 영역으로 변형되어 자유의 공간이 사라졌다고 주장한다. 먹고 사는 삶을 위해 상호 의존하지 않으면 안 된다는 사실 말고는 그 어떤 것도 공적인 의미를 지니지 않는 것이 바로 사회가 되었다는 것이다. 그것은 자신을 세계에 출현시켜 행위와 언행을 통해 자유를 확보하는 고대 폴리스적 의미의 공적 영역과는 전혀 다른 것이었다. 그것은 먹고 살아남아야 한다는 영원 회귀의 감옥 속에 인간을 가두는 것이었다. 그리고 이러한 인간들은 결국 자신들에게 좀 더 큰 몫을 보장해 주겠다고 현혹하는 세력의 먹이가 될 수밖에 없었다는 것이다.

현대 미국 사회에서의 공공성의 파괴를 개탄하면서 '공공의 철학'을 다시 주창하고 나선 마이클 샌델은 자유주의가 자아를 공동체로부터 방해받지 않는 '무연고적 자아'(unencumbered self)라고 규정함으로써 사회의 공공성을 심각하게 훼손하고 있다고 비판한다. 그는 자아는 공동체적 유대의 산물이라고 주장한다. 자유주의는 인간들이 자기 의지대로 공동체를 선택할 수 있다고 보지만, 오히려 공동체가 인간에게 자아 형성의 구성적 요소로서 존재한다는 것이다. 자유주의의 이러한 자아 규정은 공동선을 따르는 삶을 부정한다. 어떤 것이 좋은 삶인지는 개인이 알아서 결정할 문제라는 것이다. 따라서 자유주의는 국가는 사회적으로 제기되는 도덕적 문제에 중립을 지켜야 하고 모든 것은 절차에 따라서만 처리하면 될 뿐이라고 주장한다.

그러나 샌델은 공동체의 구성원 간의 상호존중에 기초해 공동선을 추구하는 정치가 시민적 삶의 재건을 통해 가능하다고 주장한다. 그는 앞서 본 그린과 아렌트처럼 인간을 본질적으로 공동체적 존재로 상정한다. 즉 자유주의가 말하는 것처럼 공동체로부터 독립된 개별적 자아란 존재하지 않는다는 것이다. 자아는 공동체적 관계의 산물이라는 것이다. 그리하여 개인이 자기의지대로 공동체를 선택하는 것이 아니라, 오히려 공동체가 자아를 형성시킨다는 것이다. 그는 이러한 자아론에 입각해 자유주의는 개인이 자신이 원하는 것을 선택할 수 있는가의 문제에 초점을 맞춘다고 본다. 그러나 중요한 것은 공동체의 자치 행위에 자기 몫을 행사할 수 있느냐 하는 문제라고 그는 주장한다.

그는 자유주의 반대편에 공화주의를 설정하고 그것은 동료 시민들과 함께 공동선을 심의하고 정치 공동체의 운명을 결정하는 데 일조할 때 인간은 시민으로서 그 존재 의의를 드러낼 수 있다는 이념이라고 주장한다. 따라서 그러한 원리에 입각한 자치 공화국을 수립하기 위해서는 인간들은 공공의 일에 대한 지식을 가져야 하고, 소속감이 뚜렷해야 하며, 부분보다는 전체에 관심을 두어야 하고, 사회적 약자들과 도덕적 유대감을 지녀야 한다는 것이다. 그에 의하면 자유주의는 민주주의란 단순히 인민들이 선택하고 원하는 것을 주는 것이라고 본다. 그러나 공화주의는 시민들은 자신들의 선택과 욕구에 대해 성찰할 기회를 갖고 때로는 공동선을 위해 그것을 희생할 수도 있어야 된다고 요구한다. 인간은 그 운명을 통제하는 정치적 공동체의 일원일 때, 그리고 그 공동체의 일에 대한 결정을 내리는 데 참여할 때 비로소 자기를 실현한다는 것이다.

　서양의 공화주의 전통을 새롭게 해석해 자유주의 헤게모니에 도전한 필립 페티트는 자유를 단지 '간섭의 부재'로 보는 자유주의가 사회의 공공성을 파괴하고 있다고 보면서 자유를 '지배의 부재'(non-domination)로 규정해 평등한 구성원들의 공동체를 지향해야 한다고 주장한다. 즉 자유는 개인적인 문제가 아니라 공동체적 문제라는 것이다. 예를 들어 한 노동자 개인이 자애로운 고용주의 자의적 간섭을 받지 않는다고 해서 그 노동자가 자유롭다고 볼 수 없다는 것이다. 그 노동자가 속한 계급 전체가 사회적으로 지배당하지 않을 때 비로소 그 노동자도 진정 자유로울 수 있다는 것이다. 만일 그렇지 않다면 자애로운 고용주 대신 무자비한 고용주가 들어섰을 때 그 노동자는 그 자유를 잃어버리기 때문이다. 여성의 경우도 마찬가지이다. 부인에게 잘 대해 주는 남편을 만난 한 여성이 그렇다고 해서 자유로울 수는 없다. 그 사회에서 여성이라는 집단 전체가 남성의 자의적 지배를 받지 않는 법적 제도적 장치가 되어 있을 때 비로소 그 여성도 진정 자유로운 것이다.

　그리하여 페티트는 '지배의 부재'로서 자유를 도시의 자유이지 황야의 자유가 아니라고 말한다. 즉 그것은 사회 구성원 모두가 함께 누리고 지켜나가야 할 사회적 선이자 공동선이라는 것이다. 따라서 그것은 원자론적 개인주의적 기획이 아니라 공동체적인 평등주의적 기획으로 달성될 수 있다고 그는 강조한다. 그 사회, 그 공동체, 그 집단의 자유가 개인의 자유의 기반이기 때문이다. 그것은 공동체적 이상이기 때문에 공동체 내에서 정의와 연대가 가능하지 않으면 불가능한 자유라는 것이다. 불의가 횡횡하고 개인들이 서로 각자의 이익만 추구하는 데 혈안이 된 사회에서 내가 남의 간섭을 받지 않는다고 해서 자유롭다고 말하는 것은 어불성설이라는 것이다. 그것은 사회의 공공성을 파괴함은 물론이요 사회의 다원성도 훼손시킨다. 왜냐하면 자의적 지배의 가능성이 현전하는 사회에서 개인이나 집단의 고유성과 차이를 보장받을 수는 없기 때문이다. 그리하여 이제 최소주의 국가를 극복하고 '지배의 부재'로서 자유를 일반적으로 증진시키는 것이 국가의 역할이 되어야 한다고 그는 주장한다. 그는 이러한 국가를 '포괄적 공화국'(inclusive republic)이라고 부르면서 그러한 공화국은 자유를 단지 간섭의 부재가 아니라 평등과 공동체에 기초한 '지배의 부재'로 설정함으로써 민주주의를 더욱 더 공고히 할 수 있다고 옹호한다.

마르크스주의 철학자인 코헨은 현실 사회주의의 붕괴로 사회주의의 타당성과 실현가능성 모두를 부정하고 후쿠야마 식의 '역사의 종언'을 신봉하는 경향에 맞서 그것이 사회의 공공성을 파괴하고 시장을 우상화할 뿐이라고 개탄한다. 그는 사회주의는 인간의 발전 단계에서 포식의 단계를 극복하고 진보해 나가려는 인간적 시도라는 점을 잊지 말자고 호소한다. 그는 사회주의가 인간 본성에 맞지 않아 그 타당성이 증명되지 않는다는 주장에 반대한다. 그는 캠핑의 경우 인간들은 평등과 공동체의 정신을 유감없이 발휘할 수 있다는 예를 들어 사회주의가 인간 본성에 맞지 않는 것이라고 할 수 없다고 단언한다. 단지 그것을 대규모의 사회로 확장시키는 방법을 우리 인류가 아직 터득하지 못했을 뿐이라는 것이다. 아직 그 방법을 모른다고 해서 평등과 상호호혜의 원리를 거부하고 시장에 모든 것을 맡긴다면, 그것은 인류를 포식의 정글로 오도하는 것이라고 그는 주장한다. 시장은 오로지 탐욕과 공포를 인간 행위의 동기로 설정하여 공동체를 파괴시키고 상호호혜의 정신을 비효율과 저생산성의 원흉이라고 각인시키기 때문이다.

그는 효율성이라는 가치는 여러 가치들 중 하나일 뿐이지 그것을 위해 평등과 공동체의 가치를 희생시켜야 하는 것은 아니라고 강변한다. 우리가 역사를 통해 적어도 교육과 의료의 분야에서 사회의 공공성을 확립시키려는 노력을 경주한 경험이 있음을 상기시키면서, 소비에트 연방이 사회주의 구현에 실패했다고 해서 그 방법을 인류가 영원히 알아내지 못할 것이라고 예단해서는 안 된다고 그는 주장한다. 이러한 맥락에서 그는 최근 몇몇 경제학자들 사이에서 논의되고 있는 시장 사회주의에 주목한다. 즉 시장을 주도하는 기업들의 소유 구조의 공공성을 최대한으로 제고하는 방도를 찾아 자본 대 노동의 불평등과 양극화를 극복하자는 제안이 그것이다. 그는 이러한 시장 사회주의가 시장 자본주의보다는 낫지만 시장 교환을 포기하지 않는 한 공동체적 가치에 위배되는 것이라고 비판한다. 그가 시장사회주의를 언급하는 것은 이러한 지적 실천적 암중모색을 끊임없이 시도해야 한다는 것을 강조하기 위한 것이다.

이러한 담론들이 공통적으로 주장하는 것은 자유주의처럼 처음부터 인간을 순수한 개인으로 상정하고 정치적, 사회적 논의를 출발시켜서는 안 된다는 것이다. 인간은 처음부터 공동체적 존재이며 그 안에서 서로 꿀리지 않고 평등한 구성원으로서 서로를 돌보면서 살아갈 수 있는 방법을 모색해야 한다는 것이다. 그러나 현 상황은 너무나 절망적이다. 지난 2008년의 세계적 금융 위기는 신자유주의의 파산을 선고하는 것이었다. 그럼에도 불구하고 자본주의 시장 경제만이 살 길이요 뼈를 깎는 구조조정과 공공지출의 축소를 통해 경쟁력을 강화하는 것밖에 다른 길이 없다는 기득권층의 일관된 주장만을 주류 언론들은 되 뇌이고 있다.

그러는 가운데 터진 그리스의 위기는 상징적인 의미를 갖는다. 절망적인 그리스 시민들의 격렬한 시위에도 불구하고 선거를 통한 정치적 해결은 새로운 길을 찾는 것으로 나타나지 않았다. 오히려 유럽 연합의 맹주들이 강요하는 신자유주의의 강화를 받아들이는 쪽으로 결판이 났다. 금융위기의 진원지인 미국의 상황도 마찬가지였다. 미국 사회를 금세 뒤엎을 것 같았던 '점령하라' 운동도 들풀처럼 번져나가기는커녕 경찰의 통제에 하나씩 무너져 갔다. 월가의 엘리트들이 발코니에서 샴페인 잔을 들고 낄낄대면서 그 시위를 구경하는 모습을 찍은 사진은 이 시대의 추한 단면을 여실히 보여주었다. 사회의 공공성은 허물어지고 99%의 연대와 참여도 기대할 수 없고 이제는 각자가 알아서 살아남는 수밖에 없게 된 것일까? 이 책이 이러한 절망과 체념에서 벗어나는 데 약간의 도움이라도 된다면 더 바랄 것이 없겠다.

이 책을 세상에 나오게 해준 서강대학교 서강학술총서 기획위원회와 서강대학교 출판부에 깊이 감사한다.

2014년 봄
조승래

목차

제1부

제1장

자유주의 공사구분을 넘어서

제1장
자유주의 공사구분을 넘어서

1. 공적인 것의 의미

서양의 공사구분의 계보에서 처음으로 의미 있는 언명을 한 인물은 아마도 페리클레스라고 할 수 있을 것이다. 일찍이 그는 그 유명한 연설에서 아테네 시민들은 공적인 일에 참여하지 않는 인간은 해를 끼치지 않고 조용히 사는 사람이 아니라 쓸모없는 인간으로 간주한다고 선언했다.[1] 이 말은 아테네 민주주의의 핵심적 가치를 드러내고 있다. 공적 영역이 시민의 참여로 활성화될 때 비로소 민주주의가 가능하고 민주주의 아래에서만 인간은 인간답게 살 수 있다는 것이다. 즉 공적 영역은 인간적 가치가 실현되는 곳이고 사적 영역은 그러한 가치가 결여된 곳이라는 의미를 이 언명은 품고 있다.

근대에 들어와서도 이렇듯 공적 영역의 우위를 주장하는 목소리는

---

[1] Thucydides, *Histories*, II.40.2.

계속해서 이어졌다. 대표적으로 루소는 국가가 더 좋게 구성되면 될수록 시민들의 마음속에서는 공적인 것이 사적인 것을 그만큼 더 압도한다고 설파했다. 그리하여 좋은 나라에서는 시민들이 민회로 달려가고, 나쁜 나라에서는 대신 가정사에만 몰두한다는 것이다.[2] 여기서 공적인 것을 추구하는 것은 정치적 참여와 연대를 통해 일반의지를 실현하는 것을 의미한다는 것은 두 말할 나위도 없다. 이렇듯 공적인 것의 의미는 사적인 이익을 앞세우지 않는 것을 의미한다. 최근의 한 연구에 의하면,[3] 근대 초 잉글랜드에서 공적인 것이 의미하는 것은 도덕적 인격체로서 타인에 대한 책임감을 지니는 것을 의미했다. 즉 그것은 덕, 능력, 기술을 갖추고 공동선과 공동의 복지를 위해 이타적인 행위를 하는 것을 말했다는 것이다. 따라서 오늘날 사적인 존재로 간주되는 부모, 남편, 철학자, 문인 등도 그 윤리적 정당성을 공적인 것을 우선적으로 추구할 수 있는지의 여부에서 찾았다는 것이다.

이러한 공사구분 방식과는 다른 방식도 존재한다. 대표적으로 역사가 필립 아리에스는 공적인 것에 대해서 페리클레스와 루소와는 다르게 규정한다. 그는 구체제 하에서 인간들은 공적으로 살았으며 아직 가족과 친구 관계 같은 것들이 공적인 것과 뚜렷이 구분되는 사적인 것으로 자리매김하지는 않았다고 말한다.[4] 그러면서 그는 공적이라는 단어는 서로 잘 모르지만 함께 모여 즐기던 공개적인 만남의 장소인 공원과 광장과 같은 의미를 갖고 있었다고 정의한다. 여기서 '공적으로

---

2 J.J. Rousseau, *On the Social Contract* (1762), book3. chapter 5.

3 Conal Condren, "Public, Private and the Idea of the 'Public Sphere' in Early-Modern England", *Intellectual History Review*, 19.1, (2009), pp.15-28.

4 Philippe Ariès, *Centuries of Childhood: A Social History of Family Life* (New York, Vintage, 1962), p.405.

살았다'는 것은 정치적 참여라기보다는 사회에서 사교성을 발휘하는 것을 뜻한다. 아리에스는 사적 영역을 그러한 사교성이 사라져버린 익명의 사회라고 대비시킨다.[5]

이렇듯 페리클레스-루소와 아리에스는 공적인 것의 의미를 서로 다르게 규정하고 있지만, 이에 대비되는 사적인 것은 가족과 같은 것으로 인식하고 있다는 점에서는 일치한다. 양자의 공통점은 또 하나 있다. 두 사람 모두 공적인 것의 우위가 사라지고 사적인 것이 승리해 가는 현상을 부정적으로 보고 있다. 아리에스의 증언을 들어보자.

> "도시와 농촌 공동체가 쇠퇴하고 생기를 잃어가면서 가족의 역할은 비정상적으로 커진 세포처럼 확대되어 갔다.…그리고 공간은 일의 영역과 삶의 영역으로 나누어져 공적 영역과 사적 영역으로 갈라지면서 가족이 사적 영역으로 들어갔다.…모든 사회적 행동을 대상으로 하는 감시와 질서 잡기의 근대적 체제의 예외가 있었다면 그것은 오로지 가족과 카페뿐이었다.…20세기 중반의 소위 후 산업사회에서 공적 영역은 붕괴되고 사람들은 그 빈 공간을 가족과 같은 사적 영역을 확대시켜 메울 수 있다고 생각했다. 그리하여 그들은 가족이 그들의 모든 욕구를 들어주어야 한다고 요구했다.…
>
> 오늘날 사람들은 종종 가족이 위기에 처해 있다고 말들 하지만, 그것은 정확한 표현이 아니다. 그것은 지난 반세기 동안 사람들이 가족에 부여한 그 많은 기능들을 가족이 수행할 능력이 없음을 목격하고 있는 것이다."[6]

---

5 필립 아리에스, 이영림 옮김, 「사생활의 역사를 위하여」, 『사생활의 역사 3』, 새물결, 2002, p.30. 아리에스는 '공적'이라는 단어가 정치 혹은 국가와 관련되어 사용되었다는 것을 이 책을 기획하는 과정에서 동료들로부터 처음 들었다고 고백한다.

6 Philippe Ariès, "The Family and the City", in Alice S. Rossi, et al. ed. *The Family* (New York, Norton, 1977), pp.227-235.

아리에스의 주장은 한 마디로 말해 공적 사교성이 사라지고 '파편화된' 사회로 몰입하면서 가족에 과부하가 걸리는 현상이 나타났다는 것이다.[7] 사회학자 리처드 세넷은 이러한 변화를 공적 사교성의 구체제로부터 '친밀하고 사적인 것의 전제'로의 '치명적 변화'라고 표현했다. 구체제에서의 공적인 것은 서로 모르는 사람들 사이의 형식적 사교성과 사회적 교환의 장으로 존재하면서 그러한 행위 자체가 사적 만족을 가져다주었는데, 자본주의는 부르주아적 삶을 그것에서 벗어나 개인적 삶과 감정 그리고 주관적인 것으로 과도하게 몰입시켰다는 것이다. 그리하여 공적 공간은 죽어버리고 공동체는 친밀한 사람들끼리의 조직으로 오해되면서 점점 배타적으로 변해 가고 공동체로서의 본래적 기능도 작동하지 않게 되었다는 것이다.[8]

2. 사적인 것의 승리: 자유주의 공사구분

주지하다시피 이러한 사적인 것의 승리는 자본주의의 승리와 궤를 같이 했다. 자본주의를 이끌어 나가는 부르주아들은 자유주의라는 이데올로기로 이를 정당화 했다. 자유주의는 개인의 사적 이익 추구를 통한 재산 소유 행위를 정당화하는 소유적 개인주의였다. 벤담은 자신 있게 말한다. 공적 이익이 따로 존재하고 개인의 사적 이익에 앞서야 한다는 말은 빈 말이라고 오로지 개인적 이익이야말로 진정한 이익이

---

7 필립 아리에스, 이영림 옮김, 「사생활의 역사를 위하여」, 『사생활의 역사 3』, 새물결, 2002, p.33.

8 Richard Sennet, *The Fall of Public Man: Om the Social Psychology of Capitalism* (London, Fabre, 1986), p.16.

라고. 단지 그것들을 모아 놓은 것이 공적 이익일 뿐이라고.[9] 이러한 자유주의의 이론적 기초는 바로 로크의 정치철학이었다. 그것은 사적인 것이 공적인 것에 대해 도덕적으로나 정치적으로나 우위에 있으며 공적 영역이라는 것도 단지 사적 개인들이 원할 때만 구성될 수 있다고 가르친다. 로크의 이러한 주장은 아리스토텔레스가 정형화시킨 고대적 공사구분의 원리와 필머의 가부장권설을 동시에 전복시키는 것이었다.[10]

주지하다시피 아리스토텔레스는 인간의 활동 영역을 공적 영역으로서 폴리스와 사적 영역으로서 가계로 구분하였다. 전자는 시민들이 공동선을 추구하면서 인간의 목적을 실현해 가는 본질적인 장인데 반해, 후자는 개인들이 단순히 먹고 사는 것을 해결하기 위한 수단의 장이다. 전자가 동등자들의 자유의 장이라면, 후자는 가장을 정점으로 하는 지배와 종속의 장이다. 아리스토텔레스는 당연히 공적 영역인 폴리스가 사적 영역인 가계에 우선한다고 보았다. 그의 이러한 주장의 밑바탕에는 폴리스가 인공적으로 만들어진 것이 아니라 인간의 본성에서 나온 자연적인 것이라는 전제가 깔려있다. 즉 인간은 본성상 폴리스적 존재라는 것이다. 그러나 로크는 사적 영역이 자연권을 소유한 개인들이 자기소유권과 자기결정권을 행사하면서 자신의 행복과 안전을 추구하는 장이라면, 공적 영역은 그것을 더 안전하게 보장 받기 위해 개인들이 동의를 통해 인위적으로 구성한 장일뿐이라고 주장한다. 따라서 사적 영역은 공적 영역의 토대가 되며, 공적 영역의 기능은 개인들의 행복과 안전을 위한 것으로 제한될 수밖에 없다.

---

9 Jeremy Bentham, *Theory of Legislation* (1871), p.144.

10 Daniela Gobetti, *Private and Public, Individuala, Households, and Body Politics in Locke and Hutcheson* (Routledge, London, 1992), pp.66-105.

또한 로크의 이러한 공사구분은 로버트 필머의 가부장권설을 비판하기 위한 것이었다. 필머의 가부장권설은 가사 영역과 공적 영역을 구분하지 않음으로써 공적 영역에서 행사되는 권위와 권력의 본질을 오도하고 있기 때문이었다. 필머는 가사 영역은 자연적으로 형성된 영역이기 때문에 자연스럽게 그 구성원은 가장에게 종속되어야 하는 것처럼 확대된 가사 영역으로서 국가 안에서 신민들도 주권자에게 복종해야 한다고 주장했다. 그러나 로크는 공권력의 집행자들이 신민들에게 행사하는 권력은 분명 아버지가 자식들에게, 남편이 아내에게, 주인이 하인에게 행사하는 권력과는 구분되어야 한다고 주장한다. 앞서 말한 것처럼 국가와 같은 공적 영역은 필요에 의해 인위적으로 구성된 영역이기 때문에 그 구성원들 사이에 자연적 종속은 처음부터 배제되어야 한다는 것이다. 로크의 이러한 주장은 한 마디로 말해 공적 영역이 인간에게 본질적인 영역은 아니라는 것이다. 그것은 개인의 행복과 안전을 위한 도구에 불과하다는 것이다.

자유주의는 이러한 사적 영역의 우위를 근대 사회에서 나타나는 필연적인 현상이라고 규정한다. 대표적으로 자유주의의 기초를 마련했다고 평가되는 19세기 초반 프랑스의 사상가 콩스탕을 보자.[11] 그는 그 근본적 이유를 국가 규모의 변화와 상업의 발달이라는 역사적 변화에서 찾았다. 근대인들은 인구의 증가로 고대적 직접민주주의는 불가능하며 전쟁 대신 상업을 통해 이익을 증대하는 것이 더 안전한 방법임을 알았기 때문이다. 따라서 공적인 일에 참여함으로써 국가를 직접 운영해 보겠다는 생각 대신 그러한 일은 대의 기관에 맡기고 사적 영역

---

11 B. Constant, "The Liberty of the Ancients Compared with That of the Moderns", in Biancamaria Fontana, ed. and trans, *Benjamin Constant, Political Writings* (Cambridge, Cambridge University Press, 1988), pp.307-328.

에서 자신의 능력을 발휘해야 한다는 생각이 근대 세계에 더 적합하다는 것이다. 즉 공적인 일에 무관심한 인간들을 '쓸모없는' 존재로 규정하는 고대적 이상의 쇠퇴는 역사의 필연적 결과라는 것이다. 근대 세계에서는 공적 영역의 활성화 보다 개인의 사적 영역의 확보가 더 중요한 가치가 되었다는 것이다. 따라서 그는 근대 세계의 정치적 사회적 문제를 역사적 조건이 전혀 달랐던 고대 사회의 이상으로 해결하려고 해서는 안 된다고 강조했다. 그것을 되살리려는 시도는 무모하며 실패할 수밖에 없다는 것이다. 그는 프랑스혁명 당시 자코뱅의 노선과 정책이 그러한 우를 범했다고 단정했다. 그는 이러한 시도가 초래하는 결과를 마치 20세기의 전체주의와 같은 악몽으로 묘사하고 있다. 그리하여 이제 근대 세계에서 인간들이 잃지 않아야 할 것은 개인들의 사적 영역이라는 것이다.

이렇듯 자유주의는 정치나 사회로부터 분리되고 보호받아야 하는 삶의 어떤 영역이 존재한다는 관념을 만들어 내고, 그 영역을 법, 경제, 그리고 정치의 공적 세계의 반대편에 놓으려고 한다. 영미세계에서 이러한 자유주의적 태도를 명확하게 보여주는 사상가는 바로 존 스튜어트 밀이다. 주지하다시피 오늘날 서구 시민사회의 정전으로 자리 잡고 있는 존 스튜어트 밀의『자유론』의 핵심 논지가 바로 그것이다.[12] 개인의 사적인 행위와 신조는 그것이 타인에게 해를 끼치지 않는 한 그 어떤 명목으로도 간섭 받아서는 안 된다는 것이다. 비록 그러한 간섭이 그 개인을 좀 더 행복하게 해 주고 좀 더 바르고 현명하게 해 줄 수 있는 것이라 해도, 그것이 정당화될 수는 없다는 것이다. 밀은 사적인 행위는 "오직 그 당사자에게만" 영향을 주는 행위인 반면

---

12 J.S. Mill, *On Liberty* (1859), chap.4.

에 공적 행위는 다른 사람들에게도 영향을 주는 행위라고 규정한다. 밀은 이러한 구분을 정확히 하는 것이 매우 중요하다고 생각한다. 예를 들어 종교적 신념은 바로 그 당사자에게만 영향을 주는 것이기 때문에 사적인 일이라는 것이다. 밀은 사적 영역은 그 당사자만의 영역이기 때문에, 그리하여 사적 행위는 다른 사람들에게 영향을 주는 것이 아니기 때문에, 정부에 의해서도 혹은 사회적 압력에 의해서도 간섭받아서는 안 된다고 주장한다. 여기서 나에게 "영향을 주는" 것이 의미하는 바는 "나에게 직접적으로 해를 끼치거나 신체적 손상을 줄 수 있는" 혹은 "내 이익에 해로운 결과를 초래할 수 있는" 것이다. 밀의 이러한 주장은 바로 자유주의의 공사구분을 정형화시킨 것이었다. 개인의 사적인 추구인 경제 활동, 가정생활, 종교 활동은 국가나 사회의 공적 행위에 의해 간섭받아서는 안 된다는 것이다. 이러한 자유주의의 공사 구분의 원리는 단적으로 정치 행위의 과잉을 방지하기 위한 것이었다. 즉 개인의 사적 권리를 강조함으로써 국가나 사회의 공적 간섭을 최소화하기 위한 것이었다. 그리고 이것은 국가를 인간 활동의 중요한 분야에서 중립적 위치를 지키게 함으로써 개인들의 다양한 사적 추구를 보장하기 위한 것이었다.

여기서 하나의 특권으로서 사적 자유라는 개념이 등장한다. 19세기 말 영국의 자유주의 철학자요 법률가인 제임스 피츠제임스 스티븐은 사적 자유를 "동정적이던 그렇지 않던 간에 그 어떤 시선에도 노출되는 것이 고통을 주고 도덕적 위해를 가져다주는 내밀하고 섬세한 삶의 관계들"이라고 규정했다. 따라서 그 어떤 경우에도 입법과 공론은 사적 자유를 존중해야 한다는 것이다. 그는 사적 자유는 "그 한계를 정하는 것이 불가능한 실재적 영역으로서 거기서 법과 공론은 좋은 기능을 하기보다는 위해를 가할 가능성이 더 큰 침입자일 뿐"이라고 단언한다.

가족 내부의 일, 애정과 우정의 관계와 같은 성격의 일을 법 혹은 공론의 힘으로 규제하려는 시도는 '눈에서 속눈썹을 뽑아내는' 일처럼 질색할 일이라는 것이다.[13] 즉 인간한테는 아무리 공적인 목적을 위한 것이라고 해도 간섭받아서는 안 되는 본래적으로 사적인 삶의 특정 영역이 존재한다는 것이다.

이러한 사적 자유에 대한 강조는 18세기 이래 나타난 공론이라는 개념에 대한 반발에서 시작되었다. 주지하다시피 하버마스는 18세기 영국에서 공론장이 형성되는 과정을 추적했다. 프랑스에서도 같은 현상이 나타났다. 1796년 네케르는 이백 년 전에는 존재하지 않았던 공론이 이제 하나의 권위로서 영향력을 행사하고 있다고 술회하고 있다.[14] 콩스탕도 18세기 중반 이후 공론은 '신비한 힘'을 발휘하기 시작했다고 말한다.[15] 하버마스의 연구나 네케르, 콩스탕의 증언은 모두 공론의 두 가지 순기능을 지적한다. 하나는 정부의 정책 입안이나 집행에 대한 모니터 역할을 수행하고 영향력을 행사하는 것이고, 다른 하나는 좀 더 수준 높은 사회적 예절을 확립하는 것이었다. 바로 이러한 공론이 19세기에는 하나의 사회적 압력으로 개인의 사적 취향이나 생활 방식에까지 영향력을 행사하게 되자 자유주의 사상가들은 그 위험성을 지적하는 가운데 사적 자유를 강조하게 되었던 것이다.[16] 자유주의에 의

---

13 James Fitzjames Stephen, *Liberty, Equality and Fraternity* (1873), pp.160-162.

14 Jacque Necker, *De la Révolution française* (1797), p.77. Stephen Holmes, *Benjamin Constant and the Making of Modern Liberalism* (New Haven, Yale University Press, 1984), p.243에서 재인용.

15 Stephen Holmes, *Benjamin Constant and the Making of Modern Liberalism* (New Haven, Yale University Press, 1984), p.243.

16 Raymond Geuss, *Public Goods, Private Goods* (Princeton, Princeton University Press, 2001), pp.86-87.

하면 인간의 사적 자유는 최대한으로 감추어져야 한다. 이것은 자유주의가 경쟁하는 부르주아의 이데올로기임을 말해 준다. 부르주아 경쟁자들은 서로에게 그리고 그 계급의 외부에 자신의 사정을 감추어야 한다. 경쟁자가 되는 다른 부르주아 혹은 이익이 상충되는 다른 계급 혹은 집단이 자신의 사정을 알게 되면 경쟁에서 지고 들어가고 그 지배권은 약화될 수 있기 때문이다.[17]

이러한 자유주의 헤게모니 아래에서 19세기 말부터 인간의 내적 전회도 본격적으로 나타났다. 역사적 예로 문화사가인 쇼스케는 세기말 비엔나 부르주아들의 '미학적 자유주의'를 생생하게 그려내고 있다. 프로이트의 정신분석학이 소개되고 동시에 비엔나의 부르주아들은 정치와 사회 문제에서 벗어나 심리적 자아에 침잠하면서 공적 영역 대신 비엔나의 극장으로 몰려갔다는 것이다.[18] 이러한 인간의 내적 전회는 사적 영역은 개인의 왕국이라는 자기도취 문화로 형성되어 갔다. 또 한편으로는 루소적 의미의 공적 영역의 축소는 국가 기구를 제도적으로 결정된 정책을 국가적 효율성이라는 이름으로 기계적으로 혹은 절차에 따라서만 집행하는 비인격적 기관으로 자리매김하는 것으로 이어졌다. 그 배경에는 본격화된 제국적 경쟁이 근대국가를 동원국가로 변모시키는 역사적 변화가 자리 잡고 있었다. 이러한 상황에서 늘 동원의 대상으로 감시 받고 규율화, 규격화 되어야 했던 인간들은 그 압박감을 가족과 친밀성의 관계망이라는 사적 영역 안에서 심리적으로 보상 받으려고 했고 그것에 더욱 더 천착하게 되었다. 동시에 합리성을 기준으로 이익을 계산하는 부르주아 사회는 아리에스가 말하는 공적

---

17 *Ibid.*, p.88.
18 Carl E. Schorke, *Fin de Siècle Vienna* (Cambridge, Cambridge University Press, 1981)

사교성을 몰아내고, "서로 뒤엉켜 살기를 좋아하던"[19] 시절을 끝내고, 삭막한 이익사회로 변해가면서 그 피난처로서 정겨운 우리 집이 사적 영역의 한 복판에 자리 잡게 되었다.

이때 자유주의는 이러한 개인들의 사적 영역에 개인의 침해받을 수 없는 권리라는 이론적 안전망을 제공함으로써 더욱 더 그 헤게모니를 공고화했다. 그것은 개인들이 굳이 공적 영역에서 주인공 역할을 안 해도 사적 영역 안에서 안전하게 살 수 있다고, 자유주의 사회에서는 그 어떤 공적 권위도 개인의 사적 영역 안에 발을 들여놓을 수 없으니 이제 마침내 개인들은 자유롭게 되었다고, 자기 스스로 최면을 걸게 하는 것이었다.

3. 자유주의 공사구분 비판

이러한 자유주의적 공사구분 원리는 곧 비판의 대상이 되었다. 헤겔은 개인의 자유와 주체성은 인간이 사적 영역을 넘어 윤리적 공동체라는 공적 영역에 들어설 때 비로소 실현된다고 주장했다. 마르크스도 자본주의 체제 아래에서 작동되는 자유주의적 공사구분의 원리는 계급적 불평등을 감추기 위한 술수에 불과한 것이라고 보았다. 즉 자유주의는 사적 영역인 경제에서의 불평등을 공적 영역인 정치에서의 평등으로 감추려고 한다는 것이다. 또한 오늘날 페미니즘도 자유주의 공사구분을 남성 중심적 이데올로기라고 비판한다. 그것은 가정과 가사를

---

19 필립 아리에스, 이영림 옮김, 「사생활의 역사를 위하여」, 『사생활의 역사 3』, 새물결, 2002, p.30.

사적 영역으로 설정하고 그 안에서 남녀 차별을 문제 삼지 않으려고 하는 전략이라는 것이다. 즉 공적 영역인 정치에서 남녀 구별 없이 일인일표를 허용하여 마치 남녀평등을 구현한 것처럼 내세우면서. 한편으로는 여성이 차별받는 가정과 가사라는 사적 영역에 대한 국가와 사회의 간섭을 배제함으로써 실질적으로는 남성에 의한 여성의 지배를 보장하고 있다는 것이다.[20]

이러한 자유주의적 공사구분에 대한 비판의 근저에는 사적 영역에 속한 것이라고 치부해버린 것들이 실제로는 그렇지 않다는 문제의식이 깔려 있다. 단순히 사적 영역에서 개인들 간에 처리하도록 내버려두면 안 되고 공적 토론과 입법을 통해 해결할 문제들이 존재한다는 것이다. 글래드스턴 시대 영국의 노동자들의 음주 문제를 둘러 싼 논쟁에서 이러한 예를 찾아 볼 수 있다. 당시 글래드스턴이나 브라이트 같은 자유당 지도부들을 비롯해 이들을 지지하고 있던 밀은 음주 문제는 개인의 사적 영역에 관한 일이기 때문에 사회나 정부가 여기에 간섭해서는 안 된다는 입장을 개진했다. 개인들의 사적 문제에 정부나 사회가 개입하게 되면 개인의 도덕적 자기 발전을 방해할 뿐이라는 것이다. 이는 자유주의가 가부장주의에 반대해 자율을 도덕적 목표로 내세웠기 때문이었다.[21]

그러나 옥스퍼드 대학의 철학자 토머스 힐 그린은 여기에 반대했다. 그린은 1872년부터 음주 문제에 강력한 국가개입을 주장했다. 이러한 그의 주장은 술을 사고 팔 수 있는 자유를 제한하겠다는 것으로서 자유주의 원칙에서 벗어난 것으로서 받아들여졌다. 그러나 그린은 당시

---

20 대표적인 페미니즘적 자유주의 공사구분 비판에 대해서는 M.Dietz, *Turning Operations* (Routledge, London, 2002) 참조.

21 J.S. Mill, *On Liberty* (1859), chapter IV.

노동자들의 삶에 깊게 침투해 있는 과음 행위를 이성을 마비시켜 자유를 침해하는 행위로 간주했다. 그는 음주는 영국에 존재하는 '가장 강력한 자유의 방해물'이라고 주장했다.[22] 그것은 사회적 선을 성취하기 위해 인간의 능력을 발휘하는 것이 진정한 자유라는 그의 원리에 어긋나는 행위였다. 따라서 그는 주류 유통을 제한하는 입법에 적극적으로 찬성했다.[23] 그가 말하고 싶었던 것은 당시 노동계급의 음주문제가 너무나 심각해 이미 개인적 사적 문제를 넘어 사회적 문제가 되었기 때문에, 그리고 그 폐해를 줄이는 문제는 개인의 도덕적 향상을 통해 점진적으로 해결하기에는 너무나 시급한 것이어서, 국가가 어떤 형식으로든 관여해야 한다는 것이었다.[24] 그렇다고 해서 그의 이러한 주장이 권위주의적인 가부장주의를 대변하는 것은 아니었다. 그것은 공동체가 함께 추구해야 할 공동선이 존재하고 이것을 공적 영역 안에서 연대해 실현해 나갈 때 비로소 인간다운 삶을 영위해 나갈 수 있다는 그의 정치 철학을 반영한 것이었다.[25]

이러한 그린을 정신적 스승으로 삼은 20세기 초반 미국의 혁신주의 시대 '공공 철학자' 존 듀이는[26] 공적인 것을 개인들 간의 행위의 결과가 당사자들의 범위를 넘어 제삼자들에게까지 간접적으로 영향을 미치는 것이라고 규정하면서 그것을 인식하고 규제하는 것이 바로 '인민

22 T. H. Green, "Speech to the Banbury Permissive Bill and Electoral Association", *Alliance News*, 5 February 1881, p.93.

23 T. H . Green, "Liberal Legislation and Freedom of Contract", (1881) in *Lectures on the Principle of Political Obligation and Other Writings*, eds. by P.Harris and J. Morrow (Cambridge, 1999), p.210.

24 *Ibid.*, p.211.

25 拙稿, 「토머스 힐 그린과 아이제이아 벌린, 그리고 공화주의」, 『영국연구』 25, 2011, pp.145~170 참조.

26 김진희 옮김, 『존 듀이, 자유주의와 사회적 실천』, 책세상, 2011, p.107.

의 일'(res populis)이라고 말한다.[27] 이러한 듀이의 언명은 고전적 자유주의가 자유를 단지 간섭의 부재로만 규정하면서 사회나 국가가 그것에 공적으로 간섭할 권한이 없다는 주장을 반박하기 위한 것이었다.[28] 또한 이것은 민주주의가 요구하는 공적인 삶이 개인적 가치를 집단의 이름으로 침해할 수 있다는 당시 휘트먼과 같은 지식인들의 비관론을 반박하는 것이었다.[29] 듀이도 사회가 개인으로 구성되어 있다는 것은 부정하지 않는다. 그러나 인간들이 타인들과 공동체를 이루어 사는 삶과는 별개로 독립적인 삶을 살아가는 존재라고 생각하는 것은 잘못이라고 단언한다. 인간들은 공동체를 구성하지만 동시에 그것에 의해 자신이 형성되어 왔다는 것이다. 그리고 그는 인간들이 단순히 자신들이 원하는 것만을 얻기 위해 공동체에 들어왔다고 생각하는 것도 마찬가지로 잘못된 것이라고 비판한다.[30] 이러한 그의 언명은 자유주의의 공사구분을 넘어 사회의 공공성을 회복시키기 위한 것이었다.

20세기 중반에 들어와 이러한 지적 작업은 한나 아렌트에 이르러 그 정점에 달했다. 주지하다시피 그녀는 전체주의에서 벗어나는 길을 개인주의적 자유주의의 회복과 강화를 통해서가 아니라 고대 폴리스 정신의 회복에서 찾으려고 했다. 즉 인간의 사적 영역의 확대가 아니라 공적 영역에 대한 적극적 참여가 절실히 필요하다는 것이다. 그것은 개인주의적 자유주의가 전체주의의 대척점에 있는 것이 아니라 그 원인 제공자라고 보고 있기 때문이다. 그녀는 아리스토텔레스의 *zoon*

---

27 John Dewey, *The Public and Its Problems* (1927), pp.12-16.

28 듀이-김진희, p.133.

29 Walt Whitman, "Democratic Vistas", in Mark van Doren, ed. *The Portable Whitman* (New York, Penguin Books, 1973), pp.317-384.

30 John Dewey, *Intelligence in the Modern World: John Dewey's Philosophy*, ed. Joseph Ratner (New York, Random House, 1939), p.382.

*politikon*을 사회적 동물이 아니라 정치적 동물로 해석하면서 자신의 논의를 시작한다.³¹ 인간을 정치적 동물이라고 규정하는 것은 바로 인간이 가사 혹은 가계라는 사적 영역에서 벗어나, 즉 자기만의 세계에서 벗어나, 공동의 삶의 세계로 진입하는 것을 의미한다. 즉 인간이 공적 영역에 자신을 출현시키는 것을 말한다. 그리하여 공적 영역은 인간이 스스로 살아남기 위해 필요한 노동과 작업의 장소가 아니라 함께 살아가기 위한 행위(*praxis*, action)와 언행(*lexis*, speech)의 장소이다. 그리고 그로부터 인간의 일들이 시작되는 곳이다.³²

아렌트는 이러한 공적 영역의 본질적 특징을 자유라고 주장한다. 그녀에 의하면, 역사적으로 볼 때 고대 그리스 폴리스는 힘과 폭력이 아니라 시민들 간의 언행과 설득을 통해 모든 것이 결정되었다. 그리스인들은 이를 가사 혹은 가계라는 시민의 사적 영역과 대비시킨다. 그 공간은 바로 가장이 명령과 폭력을 통해 지배하는 공간이다. 이에 반해 폴리스는 모든 시민들이 오직 언행을 통해 그들의 관심사를 토의하고 결정하는 곳이다. 폴리스적 삶은, 공적 영역의 삶은, 오직 언행에 의해서만 의미가 부여되는 삶이었다는 것이다.³³ 가사 혹은 가계 영역은 늘 생물적 삶의 필요성이 지배하는 곳이지만, 폴리스라는 공적 영역은 인간이 자신을 출현시키고 행위와 언행을 통해 만들어 나가는 자유의 영역이라는 것이다.

아렌트는 여기서 자유와 평등을 연관시킨다. 폴리스라는 공적 영역은 오직 평등한 구성원들로만 구성된 반면 가사 혹은 가계라는 사적 영역은 엄격한 불평등이 지배한다는 것이다. 자유롭다는 것이 의미하

---

31 Hannnah Arendt, *The Human Condition* (Chicago, University of Chicago Press, 1958), p.23.
32 *Ibid.*, pp.24-25.
33 *Ibid.*, pp.26-27.

는 것은 삶의 필요성에 혹은 다른 인간의 명령에 종속되지 않는다는 것과 동시에 그 누구의 명령자도 아니라는 것이다. 모두가 평등한 구성원인 정치 영역에 들어설 때 비로써 인간은 자유롭다는 것이다. 즉 평등이 바로 자유의 본질이라고 아렌트는 단언한다. 자유롭다는 것은 지배 관계에 현존하는 불평등으로부터 벗어나는 것이요 지배도 피지배도 존재하지 않는 영역으로 들어서는 것을 말한다고 그녀는 강조한다.[34]

그녀는 근대 부르주아 자유주의 사회에 들어와 이러한 공적 영역의 우월성이 사라졌다고 개탄한다.[35] 그리고 아예 공적인 것과 사적인 것의 의미도 바뀌었다는 것이다. 고대적 의미의 사적인 것은 무엇인가를 상실한 것을 의미했다. 즉 공적 영역에서의 행위와 언행이라는 인간적 수월성을 상실한 것을 의미했다. 그리하여 그것은 자유를 상실한 상태였다. 그러나 근대에 들어와 개인주의의 발달로 그러한 상실의 의미는 사라졌다는 것이다.[36] 공적 영역의 상실은 곧 인간성의 파괴로 이어졌다고 그녀는 개탄한다. 행위와 언행이 없는 삶은 인간이기를 포기하는 것과 같기 때문이다. 그리고 인간들 사이에서 함께 살지 않는 삶은 의미 없는 삶이기 때문이다.[37]

그렇다고 해서 근대 사회에 들어와 개인의 사적 영역이 더 넓어지고 확실히 보장받게 된 것도 아니었다고 그녀는 강조한다. 근대 사회에 들어와서는 모든 공동체가 단순히 노동과 직업의 영역으로 변했다.[38]

---

34 *Ibid.*, pp.32-33.

35 *Ibid.*, p.33.

36 *Ibid.*, p.38.

37 *Ibid.*, p.176.

38 *Ibid.*, p.46.

즉 생물적 삶이 필요로 하는 것에 의해 지배되는 가계 영역이 인간 활동의 전 영역을 지배하게 되었다는 것이다. 아렌트는 이러한 현상을 사회적인 것의 등장이라고 불렀다. 그녀는 정치 영역으로서 공적 영역도 단순한 행정의 영역으로 변형되어 자유의 공간이 사라졌다고 주장한다.[39] 먹고 사는 삶을 위해 상호 의존하지 않으면 안 된다는 사실 말고는 그 어떤 것도 공적인 의미를 지니지 않는 것이 바로 사회가 되었다는 것이다. 그것은 자신을 세계에 출현시켜 행위와 언행을 통해 자유를 확보하는 고대 폴리스적 의미의 공적 영역과는 전혀 다른 것이었다. 그것은 먹고 살아남아야 한다는 영원 회귀의 감옥 속에 인간을 가두는 것이었다. 그리고 이러한 인간들은 결국 자신들에게 좀 더 큰 몫을 보장해 주겠다고 현혹하는 세력의 먹이가 될 수밖에 없었다는 것이다.[40]

4. 공적인 것의 회복: 공화주의와 공동체주의

이러한 정신은 대처와 레이건의 시대에 들어와 서구의 기득권 세력에 의해 철저히 배격 당했다. 대처는 자신 있게 말했다. "애초에 공동체나 사회 같은 것은 없었다. 오로지 개인들과 그 가족들이 있었을 뿐이었다." 그러나 그 정신은 다행히도 몇몇 공화주의 지상사가들에 의해 계승되었다. 존 포콕은 인간의 인간됨은 공적 영역에의 참여와 연대를 통해 자유를 확보할 때 비로써 실현될 수 있다는 서양 근대

---

39 *Ibid.*, p.45.

40 *Ibid.*, p.46.

공화주의 담론의 지적 계보를 추적했다. 그는 근대 공화주의 담론들은 인간의 공적 생활을 공동선을 추구하고 분배하는 일에 참여하는 시민 적 삶으로서 인간이라면 누구나 실현해야 하는 보편적 행위로 규정하 고 있음을 밝혔다.[41] 이렇듯 공화주의는 공적 영역이 인간 행동의 궁 극적 목적을 실현하는 장으로서 사적 영역에 우선한다고 단언한다. 공적 영역은 사적 권리들을 더 잘 보호받기 위해 양보한 영역 그 이상 이라는 것이다.

퀜틴 스키너도 동등자들로 구성된 공적 영역이 먼저 존재해야 그 안에서 인간은 자유로울 수 있다는 근대 공화주의자들의 자유론을 추 적했다. 그것은 인간의 자유는 그 누구로부터도 간섭 받지 않는 사적 영역을 확보하는 것이라는 자유주의자들의 자유론을 배격하는 것이었 다.[42] 그는 현대 자유주의 철학의 대가인 존 롤스의 정의론이 그 누구도 침해할 수 없는 개인의 사적 영역에서의 권리가 그 어떤 공적 이익과 복지에 선행한다는 기본 전제를 깔고 있음을 간파하고 이를 비판한다. 그는 우리가 공적 의무를 사적 권리에 앞서 우선시하지 않는다면, 즉 자유로운 공적 영역을 확보하기 위한 노력을 포기한다면, 사적 권리도 곧 잃게 될 것이라고 경고한다.[43]

이들에게 영향을 받아 오늘날 가장 영향력 있는 공화주의 정치철 학자로 인정받는 필립 페티트는 공화주의 핵심이 '지배의 부재'(non-domination)로서 자유라고 본다. 그 어떤 상위자의 지배도 부재해야 하 는 공적 영역을 확보하기 위해서는 인민들이 참여하고 숙의해 그것을

41 J.G.A. 포칵, 곽차섭 옮김, 『마키아벨리언 모멘트』, 나남, 2011.
42 퀜틴 스키너, 조승래 옮김, 『자유주의 이전의 자유』, 푸른 역사, 2007.
43 Quentin Skinner, "On Justice, the Common Good and the Priority of Liberty", in Chantal Mouffe, ed. *Dimensions of Radical Democracy* (London,Verso.1992), pp.211-224.

방지하는 법을 만들어야 한다는 주장이 공화주의의 핵심이라는 것이다. 그런데 개인의 사적 영역에서의 자유는 자유 그 자체를 위해서만 제한될 수 있을 뿐이라는 롤스의 기본 전제는 그러한 법이 개인의 사적 자유를 간섭해서는 안 된다고 하는 주장이라는 것이다.[44] 또한 롤스는 사회를 유지하는 기본적인 선들을 개인이 알아서 각자 추구하면 될 뿐이라고 보는데, 그것은 공적 연대를 통해 공적 영역 안에서 공동으로 추구할 때 선일 수 있다는 것이다. 즉 지배가 부재하는 공동체 안에서만 사회적 선이 그 기능을 발휘할 수 있다는 것이다.[45] 이러한 페티트의 주장은 사회의 공공성을 강화하기 위한 정책을 수립하고 실행하는 데 큰 도움이 된다. 실례로 2004년 재집권에 성공한 에스파냐 사회노동당은 당의 노선과 정책이 '지배의 부재'라는 공화주의 원칙에 부합해야 한다고 천명했다.[46]

이러한 공화주의는 공동체주의 정치 철학에 즉각적인 영향을 미쳤다. 공동체주의 철학자들은 레이건과 대처가 건설한, 루소가 말한 그 '나쁜' 나라에 대해 개탄하고 있다. 현대 사회는 파편화된 원자인 사적 개인들로 구성되어 공동선과 공동의 이익을 위한 참여와 연대는 사라지고 사적 이익을 서로 챙기려는 삭막하고 살벌한 내전 상태에 빠져있다는 것이다.[47] 그리고 공적 영역은 단지 이익 집단의 협상과 로비의 영역으로 대체되어 갔으며, 자본에 아부할 줄 아는 처세술을 익힌 소위

44 Philip Pettit, *Republicanism, A Theory of Freedom and Government* (Oxford, Clarendon Press, 1997), p.50.

45 *Ibid.*, p.274.

46 José Luis Marti and Philip Pettit, *A Political Philosophy in Public Life, Civic Republicanism in Zapareto's Spain* (Princeton, Princeton University Press, 2010)참조.

47 Alasdair MacIntyre, *After Virtue, A Study in Moral Theory* (Notre Dam, University of Notre Dame Press, 1981), pp.219, 236.

유능한 개인들이 담합하는 시장이 세상 그 자체가 되었다는 것이다.[48] 최근 우리 사회에서 큰 반향을 일으킨 마이클 샌델은 자유주의가 자아를 공동체로부터 방해받지 않는 '무연고적 자아'(unencumbered self)라고 규정하지만 자아는 공동체적 유대의 산물이라고 주장한다. 자유주의는 인간들이 자기 의지대로 공동체를 선택할 수 있다고 보지만, 오히려 공동체가 인간에게 자아 형성의 구성적 요소로서 존재한다는 것이다.[49] 자유주의의 이러한 자아 규정은 공동선을 따르는 삶을 부정한다. 어떤 것이 좋은 삶인지는 개인이 알아서 결정할 문제라는 것이다. 따라서 자유주의에 의하면 국가는 사회적으로 제기되는 도덕적 문제에 중립을 지켜야 하고 모든 것은 절차에 따라서 처리하면 될 뿐이라는 것이다. 그러나 샌델은 공동체의 구성원 간의 상호존중에 기초해 공동선을 추구하는 정치가 시민적 삶의 재건을 통해 가능하다고 강조한다.[50]

이러한 주장들은 엄격한 공사구분을 통해 공적 영역을 축소시키고 사적 영역을 확대시키면 개인들이 그 안에서 왕이 될 수 있다는 자유주의의 유혹을 뿌리칠 수 있는 각성제로서 가치를 지니고 있지 않을까? 물론 전체주의의 악몽에서 벗어난 지 아직 한 세기도 지나지 않은 현 시점에서 자유주의의 주장도 전혀 경청할만한 가치가 없다고는 할 수 없다. 그러나 그 사이 변화한 역사적 환경은 이제 새로운 목소리에 귀를 기울일 것을 요청한다. 오늘날 신자유주의가 초래한 비인간적인 전 지구적 양극화 현상은 우리에게 그 어느 때보다 더 사회적 공공성의

---

48 Michael Walzer, *Spheres of Justice: A Defence of Pluralism and Equality* (New York, Basic Books, 1983), pp.21-22.

49 Michael Sandel, "The Procedural Republic and the Unencumbered Self", *Political Theory*, 12 (1984), pp.81-96.

50 Michael Sandel, *Justice, What's the Right thing to Do?* (London, Penguin Books, 2010), ch.10.

강화와 이를 위한 공적 영역에의 참여와 연대를 요구한다. 더 안온한 사적 영역의 확보를 위한 무한 경쟁의 논리가 이 세상을 얼마나 황폐화 시키고 있는지 우리가 두 눈으로 보고 있지 않은가?

제2장

공공성 이념으로서 공화주의

제2장
공공성 이념으로서 공화주의

1. 포칵의 공화주의: 덕과 재산 균등의 공화국

오늘날 서구 학계뿐만 아니라 우리 학계에서도 공화주의에 대한 논의가 활발하다. 그것은 신자유주의 세계화의 탁류 속에서 더욱 심화되는 사회적 양극화에 대한 지적 반발의 일환이라고 할 수 있다. 공화주의에 대한 논의를 주도하는 지식인들은 그러한 사회현실을 초래한 책임을 자유주의에 묻고 그 대안을 모색하고 있다. 그렇다면 공화주의란 무엇인가? 그것은 한마디로 말해 인간들의 정치 공동체인 국가를 공화국으로 만들자는 것이다. 공화국의 의미를 최초로 규정한 고대 로마 공화국의 철학자 키케로에 따르면 공화국은 공동의 이익이 구현되어야 하는 '공공의 것'(*res publica*)이다. 그는 그것을 또한 '인민의 것'(*res populi*)이라고도 규정했다. 그것은 국가는 공동의 이익을 구현하기 위해 어떤 법체계에 동의한 다수 인민의 결속체라는 뜻이다.[51] 따라서 공화국에서 인간들은 공동의 일을 결정하는데 참여하는 시민(혹은 공민)으로서의 삶을 살아야 한다. 현대 이탈리아 역사가 프랑코 벤튜리가 언명했듯이 공화주의는 이렇듯 특정한 국가체제가 아니라 특정한 삶의 방식을 규정하는 이념이다.[52]

이렇게 볼 때 오늘날 피폐한 사회 현실에 대해 공화주의 담론이 촉구하는 것은 국가는 공동의 이익을 추구해야 하며 이를 위해 시민들은 공동의 일을 결정하는데 참여하는 시민정신을 고양해야 한다는 것이다. 공화국은 공동의 이익을 구현하기 위해 공동의 지배가 법치를 통해 실현되는 나라라고 할 수 있다. 이때 공동의 지배라는 것은 바로 공동체의 구성원들이 공공의 일에 대한 참여와 심의를 통해 공동의 결정을 내리는 것을 말한다. 또한 법치는 구성원들이 평등하게 참여한 과정에서 이성적 심의를 통해 제정된 성문법에 따라 지배하고 그 아래에서는 모두가 평등해야 한다는 것은 뜻한다. 따라서 공화국은 자신의 일보다 공동의 일을 더 우선시하는, 적어도 공동의 일이 중요하다고 보는, 인간들을 그 구성원으로 해야 한다. 그들의 정치적 사회적 연대가 곧 공화국이다. 우리는 그들을 시민(혹은 공민)이라고 부른다.

이러한 생각은 인간을 '정치적 동물'(*zoon politikon*)로 규정한 아리스토텔레스의 인간관에 근거한다. 즉 인간은 시민이 될 때 비로소 자기를 실현한다는 것이다. 공화주의에 대한 지성사적 연구를 이끈 포칵은 고대 그리스 이래 르네상스와 17세기 영국 혁명을 거쳐 18세기 미국 독립혁명에 이르기까지 서양의 공화주의자들의 주장의 핵심은 인간의 인간다움은 자치 공동체의 평등한 일원으로서 공공의 일에 적극적으로 참여하는 덕을 발휘할 때 실현된다는 아리스토텔레스의 시(공)민

51 Marcus Tullius Cicero, *De Re Publica*, 김창성 옮김, 『국가론』, 한길사, 2007, pp.130~131.

52 Franco Venturi, *Utopia and Reform in the Enlightenment* (Cambridge: Cambridge University Press, 1971), pp.71.

윤리였다고 강조한다.[53]

또한 포칵에 의하면, 근대 부르주아의 '소유적 개인주의'가 재산의 무한정한 획득을 합리적인 것이라고 정당화한 반면, 공화주의자들은 재산의 기능을 시민적 독립을 보장하는 것에 한정시켰다. 시민적 평등을 위협하는 재산의 독과점은 바로 인간을 예종의 사슬로 묶는 것이며 이것은 공동체를 부패시킨다는 것이다. 따라서 전통적으로 공화주의자들은 가장 인간적인 공동체인 공화국은 농지법에 의해 재산의 균등한 분배가 실현된 곳이라고 규정했다. 포칵은 이러한 의미에서 가장 대표적인 공화주의자로 17세기 영국의 해링턴을 꼽았다. 그는 로마 공화국의 역사를 통해 참여라는 덕과 농지법으로 구현되는 재산 균등의 원리가 공화국의 기초임을 역설했다. 그는 로마 공화국의 치명적인 위기를 '원로원과 인민 간의 끊임없는 적대감과 증오'에서 기인했다고 보았다.[54] 비참한 지경에 이른 인민들은 공화국의 두 기본 원리에 의지할 수밖에 없었다. 즉 공적 지배 과정에의 참여와 농지법을 통한 토지의 균등 분배가 그것이었다. 그러나 이 두 원리가 인민들에게 적용되는 방식이 명확하지 않고 부적절했기 때문에, 인민들은 그 원리들을 실현하기 위해서는 오직 투쟁 이외에 다른 선택을 할 수 없었다는 것이다.[55] 이러한 언명을 통해 해링턴이 의도한 것은 인민들의 평등한 참여와 분배에 대한 열망을 비난하려고 하는 것이 아니다. 그것은 '불평등한 공화국'인 로마가 불가피하게 노정할 수밖에 없었던 체제적 흠결을

53 J.G.A.Pocock, *The Machiavellian Moment, Florentine Political Thought and the Atlantic Republican Tradition* (Princeton: Princeton University Press, 1975)

54 James Harrington, *The Commonwealth of Oceana* (1656) in J.G.A.Pocock, ed. *The Political Works of James Harrington* (Cambridge: Cambridge University Press, 1977), 272.

55 *Ibid.*, p.277.

강조해서 보여주려는 것이었다.[56]

2. 자유주의: 개인적 권리와 간섭의 부재로서 자유

이렇듯 공화주의가 인간은 본질적으로 공동체적 존재라는 전제에 기초해 있는데 반해. 자유주의는 인간은 본질적으로 사적 개인이라고 규정하면서 논의를 전개한다. 따라서 자유주의는 정치는 반드시 개인적 자유와 권리를 증진시키는 것이어야 한다고 단언한다. 즉 자유주의 체제의 시민은 외부의 권위가 요구하는 어떤 목적의 실현을 위한 봉사자가 아니라 스스로가 자신의 기획을 결정하고 실천할 수 있는 권위를 소유한 행위자이다. 이렇듯 자유주의는 폴리스가 개인에 선행한다는 아리스토텔레스의 명제에 대한 반명제라고 할 수 있다. 이 때 개인의 우선성은 개인적 자유를 존중하는 것으로 구체화된다. 그리하여 자유주의는 개인적 자유에 특권적 지위를 부여한다. 즉 자유주의의 핵심은 개인주의로서 모든 사회적 제도, 규칙, 실천의 정당성은 그것이 개인의 자유에 기여할 때 비로소 확보된다는 것이다. 따라서 자유주의자들은 공동체의 공동의 이익보다는 개인의 자유를 우선시했다. 그들은 서로 타인의 결정을 존중하면서 간섭하지 않는 개인들이 각자 알아서 자신의 이익을 추구하면 보이지 않는 손에 의해 상충하는 이해관계는 자동적으로 조절된다고 보았다. 그들은 공동체의 이름으로, 이성적 명령이라는 미명 아래, 개인의 사적 이익의 추구를 간섭한다면 오히려 그것이 전제로 이르는 길을 닦는 것이라고 주장했다.

---

56 *Ibid.*, p.180.

이러한 자유주의는 오늘날 소위 신자유주의(neo-liberalism)로 이어졌다. 그 정신은 "애당초 사회(공동체)같은 것은 없다"는 전 영국 총리 대처의 언명에서 극명하게 드러난다. 오로지 자기 책임 하에 남의 간섭을 받지 않고 자기 운명을 개척해 나가는 개인들만이 있을 뿐이라는 것이다. 그러나 인간의 복지를 위해 필요한 다른 여러 가지 조건을 생각해 볼 때 그러한 특권적 지위는 정당성을 상실할 수도 있다. 자신에게 의미 있는 목적을 추구할 능력을 충분히 갖추고 있다면 타인의 간섭으로부터 보호받는 개인적 자유는 중요하다. 그러나 개인적 자유가 만족스러운 삶을 영위하는데 필요한 모든 것은 아니다. 개인의 복지를 구성하는 중요한 요인들이 결핍되었을 때, 즉 주택, 건강, 교육, 여가, 소득 등이 결핍되었을 때. 타인의 간섭을 받지 않는다는 의미의 개인적 자유가 아무리 많은들 그것이 그러한 결핍들을 대체해 개인을 행복하게 하지는 않는다. 이렇게 본다면 자유주의가 집착하는 개인적 자유는 자유주의의 아킬레스건인 셈이다.

이에 대한 비판의 정점에는 그것은 단지 부르주아들의 계급적 이익을 반영한 것일 뿐이라는 마르크스주의적 비난이 도사리고 있다. 가질 만한 것은 거의 다 가진 자들만이 남의 간섭을 받지 않는다는 의미의 개인적 자유에 우선성을 부여한다는 것이다. 그러나 일찍이 자유주의 전통 안에서도 이와 비슷한 비판이 제기되었다. 바로 토머스 힐 그린으로 대표되는 19세기 후반 영국의 신자유주의(new liberalism)의 비판이 그것이다. 신자유주의는 고전적 자유주의의 야경국가론을 비판하면서 간섭의 부재를 자율적 행위의 여러 분리된 영역에 적용시키는 것으로 문제가 해결되지 않는다고 주장한다. 그리하여 신자유주의의 비판은 네 방향으로 진행된다. 첫째, 단지 간섭의 부재라는 형식적 보장이 개인들이 자신들이 규정한 선을 실현하는데 충분조건은 아니다. 둘째,

간섭의 부재가 개인들이 추구할 수 있는 선 가운데 유일하게 중립적인 개념도 아니다. 그것은 연대와 협동이 아니라 경쟁과 축적을 미덕으로 보는 자본주의의 에토스를 반영한 것일 뿐이다. 셋째, 자율적인 개인들이 자기 스스로 자신의 기획을 결정하고 실천해야한다는 원리도 이미 제반 조건을 잘 갖춘 사람들한테나 적용될 수 있을 뿐이다. 따라서 그렇지 못한 사람들에게는 교육과 같은 사회적 지원이 필수적이다. 넷째, 무엇이 자신에게 선인지도 모르고 또 그것을 추구할 수 있는 물질적 조건도 결핍되어 있고 자기 존중을 위한 전제 조건도 갖추지 못한 사람들에게 타인이 간섭하느냐 안 하느냐는 별 의미가 없는 문제이다. 즉 간섭의 부재라는 순전히 소극적인 의미의 자유는 인간의 행복에 대한 적극적 기준을 만족시키지 못한다는 것이다.[57]

3. 페티트의 공화주의: '지배의 부재'로서 자유

지난 세기 공화주의 연구의 대미를 장식한 인물은 필립 페티트이었다. 1997년에 간행된 페티트의 『공화주의: 자유와 정부에 관한 한 이론』(*Republicanism: A Theory of Freedom and Government*)는 1970~1980년대를 풍미하던 존 포칵의 공화주의 연구의 맥을 이으면서도 한편으로는 그것과는 다른 방식으로 공화주의를 규정함으로써 오늘날의 공화주의 연구와 담론의 출발점이 되고 있다. 포칵과 마찬가지로 페티트는 서양 정치 사상사에 19세기 이래 헤게모니를 장악하고 있는 자유주의와는

---

57 Loren Lomasky, "Liberty and Welfare Goods: Reflections on Clashing Liberalisms", *Journal of Ethics*, 4 (2000), p.99.

구별되는, 더 나가 민주주의의 구현에 자유주의보다 더 공헌할 수 있는, 공화주의라는 이념이 존재했다고 주장한다. 그리고 그 계보를 고대 그리스 로마의 고전적 지식인들에서부터 시작해 르네상스 시기의 마키아벨리를 거쳐 17세기 영국 혁명기의 밀턴, 해링턴, 시드니와 같은 의회파 지식인들과 뒤를 이은 18세기 영국의 재야 반정부 지식인들과 미국 독립 혁명기의 제퍼슨과 같은 혁명가들에게 이어지는 것으로 설정한다.

이러한 공통점에도 불구하고 포칵이 공화주의의 핵심을 정치적 참여를 통한 인간의 자아실현이라고 규정한 것과는 달리, 페티트는 그것을 자의적 지배와 간섭으로부터 벗어나는 자유의 구현이라고 단언한다. 포칵이 그 원형을 아리스토텔레스의 "정치적 동물"(*zoon politikon*)로서의 인간에 대한 논의에서 찾는다면, 페티트는 로마의 정치사상과 역사 서술 그리고 법에서 나타나는 자유인 대 노예의 구분에서 찾는다. 굳이 명칭을 붙인다면 포칵의 공화주의를 아테네적 공화주의라고 한다면, 페티트의 그것은 로마적 공화주의라고 할 수 있다.

페티트는 공화주의자들의 화두는 포칵이 말하는 덕이 아니라 자유의 본질은 무엇이며 그것은 어떻게 유지될 수 있을까하는 자유론의 문제였다고 주장한다. 그는 공화주의자들이 자유를 단순히 간섭의 부재가 아니라 자의적 권력 혹은 자의적 지배와 그 가능성의 부재로 규정하면서 그러한 자유는 오직 공동의 동의를 얻어 제정된 법에 의해 지배되는 자유 국가 안에서만 가능하다고 단언했다고 주장한다. 페티트는 이러한 공화주의적 자유를 '지배의 부재'(non-domination)라고 규정하여 그것을 '간섭의 부재'(non-interference)로서 자유주의적 자유와 극명하게 대립시킴으로써 학계의 논의를 주도하고 있다.[58]

또한 그는 공화주의적 자유가 일찍이 벌린이 규정했듯이 자아실현이라는 의미의 적극적 자유가 아니라고 강조하면서 그것을 적극적 자유라고 생각하는 포칵과는 분명한 선을 그었다.[59] 덕을 강조하는 포칵의 공화주의에 대한 비판은 일찍부터 있어 왔다. 참여라는 정치적 행위를 통해서만 인간은 자기를 실현할 수 있다는 생각, 개인적 선을 초월해 공동선이 존재한다는 믿음과 같은 공화주의의 핵심적 요소들은 오늘날 현대 사회와는 맞지 않는다는 것이다. 오늘날 누가 우리 모두가 공통적으로 추구해야 하는 공동선이 존재하며 정치적 참여를 통해서만 인간이 인간다워진다고 생각하느냐는 것이다. 만일 그렇게 생각하는 사람들이 있다면, 그것은 환상이거나 전제적 발상일 뿐이라는 것이다.[60] 이러한 주장의 연장선 위에서 페티트도 포칵의 생각과는 달리 공화주의자들이 자유를 논할 때 그것을 곧 정치적 참여를 통한 자아실현과 동일시하지 않았다고 단언한다. 공화주의자들은 정치적 참여는 단지 자유를 누리기 위한 수단일 뿐이라고 생각했다는 것이다. 페티트의 공화주의론은 공화주의를 현대의 다원주의적 민주주의의 요구에 적용될 수 있도록 한 것이다.[61] 즉 그것은 아리스토텔레스적인 목적론적 공화주의에서 도구론적 공화주의로 공화주의의 성격을 바꾸는 것이다.[62]

58 이하 페티트의 주장은 다음을 보라. Philip Pettit, *Republicanism: A Theory of Freedom and Government* (Oxford: Oxford University Press, 1997), pp.vi~50.

59 Isaiah Berlin, "Two Concepts of Liberty" in *Four Essays on Liberty* (Oxford: Oxford University Press, 1969), pp.118~172; J,G.A. Pocock, 같은 책 1993년 판, pp.553~583.

60 Richard H. Fallon, Jr., "What is Republicanism and is it Worth Reviving?" *Harvard Law Review*, 52 (1989), pp.1698~1699.

61 Melvin L. Rogers, "Republican Confusion and Liberal Clarification", *Philosophy and Social Criticism*, v.34 n.7 (2008), p.800.

62 Shelly Burtt, "The Politics of Virtue Today: A Critique and a Proposal", *American Political Science Review* 87 (1993), p.360.

페티트는 또한 자신과 같이 공화주의의 본질이 덕이 아니라 자유에 대한 논의였다고 주장하는 스키너와도 일정한 선을 긋는다.[63] 스키너는 자유를 지배의 부재와 함께 간섭의 부재도 포함하는 것이라고 보지만, 자신은 단지 지배의 부재로만 볼 뿐이라는 것이다. 즉 스키너는 간섭의 부재가 자유의 필요조건이지만 충분조건은 아니라고 보는 반면, 페티트는 그것이 필요조건도 충분조건도 모두 아니라고 단정한다. 그는 공화주의 자유론의 핵심은 간섭의 부재 여부가 아니라 오로지 지배의 부재 여부일 뿐이라고 단언한다. 이는 간섭받는다고 해서 언제나 자유가 침해당한다고 보아서도 안 되고, 또한 오직 간섭만이 자유를 침해한다고 보아서도 안 된다는 것이다. 예를 들어 민주주의적 원칙에 의해 정당하게 제정된 법에 의해 간섭받는 것이 자유를 침해하는 것도 아니고, 언제든지 마음만 먹으면 자의적으로 간섭할 수 있는 역량을 지니고 있는 지배자 혹은 지배 집단이 피지배자들에게 온정과 자비를 베풀어 간섭하거나 강압적으로 대하지 않는다고 해서 그들이 자유로운 것은 아니라는 것이다.[64]

그는 공화주의자들이 역사의 무대에서 주장하고 실현하려고 했던 자유는 바로 이러한 지배의 부재로서 자유였다고 주장한다. 이 때 지배는 자의적 간섭을 할 수 있는 역량을 지니고 있는 것을 말한다. 그는 다시 한 번 공화주의적 자유가 벌린이 말하는 적극적 자유가 아니라고 말한다. 왜냐하면 공화주의자들은 자유롭기 위해서는 자신이 자신의

---

63 스키너의 자유론에 대해서는 Quentin Skinner, *Liberty before Liberalism* (Cambridge: Cambridge University Press, 1998), 拙譯, 『퀜틴 스키너의 자유주의 이전의 자유』, 푸른역사, 2007 참조.

64 Philip Pettit, "Keeping Republican Freedom Simple, On a Difference with Quentin Skinner", *Political Theory*, 30, 3 (2002), pp.339~356.

지배자가 되어야 한다는 것이 아니라 남이 내 지배자가 되어서는 안 된다고 주장했기 때문이다. 그리고 그들은 남이 내 지배자가 되지 못하도록 어떤 체제와 제도를 갖추는 데 참여하는 것 그 자체가 자유라고 보지는 않았다는 것이다. 그것은 어디까지나 자유를 누릴 수 있는 수단일 뿐이다.

이러한 관점에서 그는 그러한 체제와 제도를 수립하는 데 적극적으로 참여하여 자신이 그 입법 과정에 참여한 공동체의 법에 의해서만 지배받을 때 그리하여 스스로가 자신의 주인이 될 때 인간은 비로소 자유롭다는 루소 식의 자유론을 배격한다. 페티트는 그러한 성격의 자유론을 공화주의 자유론이 아니라 공동체주의 자유론이라고 구별한다. 그는 이러한 공동체주의가 공화주의가 아니라고 강변하면서 공동체주의 철학자인 알라스데어 맥킨타이어와 마이클 샌델의 예를 들어 그들의 주장은 도덕의 과잉을 초래할 뿐이라고 비판한다. 즉 덕과 자유를 동일시해서는 안 된다는 것이다.[65]

그는 오히려 소위 공동체주의자들이 자유주의 사상가로 분류하는 로크의 자유에 대한 규정을 공화주의적 자유론의 대표적인 예라고 제시한다. 로크는 '자유는 누구나 자신이 원하는 것을 할 수 있는 것이 아니라 다른 사람의 변덕스럽고, 불분명하고, 알 수 없는 자의적 의지에 예속되지 않는 것'이라고 규정했다는 것이다. 그는 로크가 비록 공화주의와는 거리를 두고 있었지만 자유에 대한 생각에서 만큼은 그 전통에 충실했다고 평가한다.[66] 이러한 그의 언급은 벌린과 하이예크

---

65 Philip Pettit, "Liberal/Communitarian : MacIntyre's Mesmeric Dichotomy", in John Horton and Susan Mendus, ed. *After MacIntyre, Critical Perspectives on the Work of Alasdair MacIntre* (Cambridge: Polity, 1994), 176-204; "Reworking Sandel's Republicanism", *Journal of Philosophy*, 95, 2 (1998), pp.73~96.

x

와 같은 자유주의자들이 공화주의를 20세기의 전체주의와 연결시키려는 의심을 불식시키기 위한 작업의 일환이라고 할 수 있다. 그러나 한편으로는 이러한 페티트의 태도가 공화주의와 자유주의의 차이점을 불분명하게 만드는 것이라는 비판이 제기되고 있다.[67]

이에 대해 그는 자신의 공화주의 자유론은 사회 민주적 기획의 일환이라고 맞선다. 즉 자신은 자유를 간섭의 부재가 아니라 지배의 부재로 규정함으로써, 국가와 사회의 정당한 민주적 입법을 통한 간섭마저도 자유의 이름으로 배격하려는 자유주의자들의 헤게모니에 도전했다는 것이다. 그는 자유주의자들은 간섭만이 그리고 간섭은 언제나 자유를 침해한다는 부을 공화주의자들이 어떻게 배격하고 자유주의자들은 어떻게 옹호했는지를 역사적으로 추적한다. 17세기 공화주의자인 해링턴은 인민의 의지에 일치하는 것이고 지을 타인의 자의적 지배로부터 보호하기 위한 것이라면 그 어떤 간섭도 자유를 침해하지는 않는다고 부함으로써 영국 혁명을 정당화하였다. 18세기 공화주의자인 프라이스는 간섭만이 자유를 침해하는 것이 아니라 종속적 지위에 처해 있으면 간섭을 받지 않아도 자유롭지 못하다고 부하면서 아메리카 식민지인들의 영국에 대한 저항을 옹호하였다. 노예는 아무리 인자한 주인을 만나도 자유를 누릴 수 없다는 것이다. 18세기 공화주의 법학자인 블랙스톤은 로크가 이미 언급했듯이 이렇게 제정된 법은 자유를 억압

---

66 Philip Pettit and Frank Lovett, "Neorepublicanism: A Normative and Institutional Research Program", *Annual Review of Political Science*, 12 (2009), p.15.

67 대표적으로 마이클 샌델은 페티트의 공화주의를 '길들여진'(tame) 공화주의라고 비꼬면서 그것으로는 자유주의 사회의 모순을 극복할 수 없다고 비판한다. Michael Sandel, "Reply to Critics" in Anita L. Allen and Milton C. Regan, Jr., ed. *Debating Democracy's Discontent, Essays on American Politics, Law, and Public Philosophy* (Oxford: Oxford University Press, 1998), pp.325-327.

하는 것이 아니라 오히려 그것을 견고하게 하고 확장하는 것이라고 못 박았다.

이러한 주장은 자의적 지배를 행사하거나 행사할 수 있는 가능성이 존재하는 나라에서는 그 누구도 자유로울 수 없다는 명제로 귀결된다. 즉 자유 국가에서만 인간은 자유로울 수 있다는 것이다. 영국 혁명과 아메리카 혁명은 단지 간섭에서 벗어나기 위해서가 아니라 자유 국가를 만들어 그 안에서 자유롭기 위해 인민들이 일으킨 것이다. 그러나 자유주의의 원조 격에 해당하는 홉스, 벤담, 린드, 펠리와 같은 사상가, 법학자들은 영국 혁명과 아메리카 혁명의 이와 같은 대의를 부정하면서 자유란 간섭의 부재일뿐이요 법도 그 어떤 행위들을 못하게 하는 것이기 때문에 인간을 자유롭게 하는 것은 아니라고 주장했다. 따라서 인간은 소위 민주 국가, 자유 국가에서 살던 전제 정부 하에서 살던 법이 금지하지 않는 것만큼만 자유롭다는 데서 매한가지라고 주장한다. 페티트에 의하면, '자유주의는 타인들을 지배할 수 있는 권력을 지니고 있는 인간들이 그 권력을 행사하지 않는 한 그리고 그렇게 할 성향을 지니고 있지 않는 한 그러한 권력을 지니고 있다는 것 자체가 억압적인 것이 아니라고 가정한다.' '권력에 대한 이러한 상대적 무관심'으로 인해 자유주의자들은 지배에 근거한 '관계에 관대하다.'[68] 또한 자유주의자들은 빈곤을 해소하는 일, 안전을 제공하는 일에 대한 관심은 자유에 대한 관심과는 특별히 관계가 없다고 본다. 그것은 '평등, 혹은 복지, 혹은 공리성'과 같은 가치와 관련이 있을 뿐이다. 그러나 '지배의 부재로서 자유'는 여러 가치들 가운데 하나가 아니라 다른

---

[68] Philip Pettit, *Republicanism: A Theory of Freedom and Government* (Oxford, Oxford University Press, 1997), p.9.

가치들이 거기서부터 나오는 '최고의 정치적 가치'라고 페티트는 주장한다.[69]

이러한 논의를 통해 페티트는 왜 지배의 부재로서 공화주의 자유론이 오늘날 더 중요한 것인지 역설한다. 그는 노동자와 여성과 같은 사회적 약자들을 예로 들면서 설명한다. 그들에게 중요한 것은 간섭의 부재가 아니라 지배의 부재라는 것이다. 고용주나 남성 배우자들의 자비에 의해 그들은 간섭받지 않을 수도 있지만 그렇게 얻어진 벌린 식의 소극적 자유는 언제라도 회수당할 수 있는 것에 불과하다. 그들의 자유는 그들이 자유인의 지위를 구가할 때 비로소 가능하다. 이를 위해서는 국가와 사회는 정당한 입법 행위 등을 통해서 제도를 만듦으로써 자의적 지배 행위에 간섭할 수 있어야 하는 것이다. 그는 자유주의가 간섭의 부재만을 자유로 규정하는 이유는 바로 이러한 사회적 약자들의 도전을 피해 가기 위한 것이었다고 폭로한다. 그리고 자본주의의 발달로 이러한 자유주의 자유론이 헤게모니를 장악할 수 있었다는 것이다. 따라서 오늘날 자유주의 사회의 모순을 극복하기 위해서는 간섭의 부재를 자유의 충분조건은 물론 필요조건으로도 간주해서는 안 된다는 것이 그의 지론이다.

4. 스키너의 공화주의: 자의적 권력의 부재와 자기소유권으로서 자유

스키너는 이러한 페티트의 주장을 받아들여 최근 자유를 '자의적

---

[69] *Ibid.*, pp.80~81.

권력의 부재'라고 재규정했다. 언제라도 자의적으로 권력을 행사할 수 있는 우월한 지위에 있는 인간의 선의에 의해 당장은 간섭받지 않는다고 해서 열등한 지위에 있는 인간이 자유롭다고는 할 수 없다는 것이다. 그러한 열등한 인간은 늘 우월한 지위에 있는 인간의 눈치를 보며 자신의 행동에 대해 자기 스스로 검열할 것이기 때문에 절대 자유로울 수 없다는 것이다. 예를 들어 관대하고 자비로운 전제군주가 자신이 마음만 먹으면 공동체의 구성원들을 자기 아래에 둘 수 있다는 것을 알아도 그렇게 하지 않고 또 기질 상 앞으로도 그렇게 하지 않을 것이라면, 그는 공동체 구성원들의 자유에 전혀 위해가 되지 않는다고 할 수 있을까? 스키너는 공화주의자들은 바로 이러한 발상을 거부했다고 단언한다.[70]

이러한 관점에서 스키너는 공화주의 자유론은 인간의 자유를 논할 때 먼저 그 인간이 속해 있는 공동체의 성격을 규정한다고 주장한다. 왜냐하면 사적인 개인으로서 단순히 간섭받지 않는 것이 자유가 아니라 자신보다 더 우월한 지위에 있는 그 어떤 상위자도 존재하지 않는 공동체에서 평등한 지위를 누리는 것을 자유라고 보기 때문이다. 즉 공화주의적 자유는 그 구성원들이 평등한 시민으로서 자치를 실현하는 자유 공동체, 자유 국가 안에서만 가능하기 때문이다.[71] 그리하여 자유주의는 자유를 개인에게 주어진 재산 같은 것으로서 정부가 간여하는 것을 삼가는 것으로 보는 반면, 공화주의는 자유를 정치적 성취로서 그것을 지키기 위해 유덕한 시민들이 힘을 합쳐 행동해야 하는 것으

---

70 Quentin Skinner, "Freedom as the Absence of Arbitrary Power" in Cécile Laborde and John Maynor, eds. *Republicanism and Political Theory* (Oxford, Oxford, Blackwell, 2008), pp.83~101.

71 Quentin Skinner, 앞의 책, pp.23, 69f.

로 본다. 따라서 자유주의는 의무에 앞서 권리를 우선시 하지만 공화주의는 반대로 권리에 앞서 의무를 우선시한다고 스키너는 주장한다.[72] 그러나 인간들은 의무를 소홀히 하고 권리만을 앞세우려고 하는 성향이 있어서 공화주의자들은 공동체의 부패를 막기 위해 늘 시민들에게 공공정신으로 깨어있기를 요구하지만, 자유주의자들은 그러한 문제점은 보이지 않는 손에 의해 해결될 것이라고 믿는다. 스키너는 자유주의의 그러한 낙관론이 오히려 자유를 상실하게 할 뿐이라고 경고한다. 그렇다고 해서 스키너가 공동체의 공동선을 위해 헌신하는 것 자체를 자기실현이라는 적극적 자유라고 보는 공동체주의를 지지하는 것은 아니다. 그도 페티트와 마찬가지로 공화주의는 공동체주의가 아니라고 단언한다. 단지 공동선의 추구가 자유와 양립할 수 없다는 자유주의를 비판할 뿐이다. 공동선의 추구를 통해 자유 공동체를 유지하는 것이 자유를 누리기 위한 최선의 그리고 유일한 수단이라는 것이다.[73]

스키너는 이러한 공화주의 자유론에 기초해 영국 혁명 당시 벌어졌던 푸트니 논쟁의 핵심이었던 투표권 문제를 새롭게 해석한다.[74] 그 논쟁에서 수평파의 대표들은 기본적으로는 보통선거에 동의했다. 그런데 그들은 선거권을 자연권이 아니라 사회권이라고 보았다. 그 결과 그들은 하인, 임금 노동자, 그리고 구호품 생활자들에게는 투표권을 부여하지 않으려고 했다. 이 점에서 그들은 논쟁의 상대였던 크롬웰 일파와 이견을 보이지 않았다. 그러나 다수의 수평파들은 보통선거권

---

72 Quentin Skinner, "The Republican Ideal of Political Liberty", in Gisela Bock, Quentin Skinner and Maurizio Viroli, eds. *Machiavelli and Republicanism* (Cambridge, Cambridge University Press), pp.307~309.

73 *Ibid.*, 293, 304~306, 308~309; Quentin Skinner, 앞의 책, 32 n103

74 Quentin Skinner, "Rethinking Political Liberty". *Historical Workshop Journal*, 61 (2006), 160~165.

을 지지하고 있었다. 그 누구도 자신의 동의 없이 어떤 정부 아래에서 산다는 것은 생각할 수 없는 일이기에 가장 가난한 잉글랜드인도 투표 권을 행사해야 한다는 것이다. 그렇다면 왜 논쟁에 참여한 수평파 대표 들은 동료들과는 다른 주장을 한 것일까?

일찍이 마르크스주의자인 맥퍼슨은 수평파도 기실은 '소유적 개인 주의'라는 부르주아 이데올로기에 젖어 있었기 때문이라고 주장했 다.[75] 즉 임금이나 구호품을 받아 생활하는 인간들은 이미 그것을 받은 것으로 그들의 권리를 이미 상실한 것이기 때문에 투표권을 행사할 수 있는 자격을 잃게 된다는 것이 수평파의 일반적인 생각이었다는 것이다. 이에 반대하여 키스 토머스는 그 문제에 대한 수평파의 일관된 원리 같은 것은 없었다고 주장했다.[76] 마치 범법자에게는 투표권이 없 다는 생각을 당연시 했던 것처럼, 그저 하인, 도제와 같은 부류는 투표 권을 소유하고 있지 않다는 것을 자명한 것으로 생각했을 뿐이라는 것이다. 따라서 수평파들의 저술에서 인간의 생득권이 어떤 조건에서 유보될 수 있는지에 대한 특별한 언급을 찾아보기가 힘들다는 것이다.

이러한 해석에 대해 스키너는 자신의 공화주의 자유론으로 맞선다. 즉 수평파와 이에 맞섰던 크롬웰 일파 모두 공통적으로 공화주의 자유 론을 신봉하고 있어서 타인의 의지에 종속된 상태에 있는 인간들은 이미 자유인이 아니기 때문에 투표권이 무의미하다고 생각했다는 것 이다. 즉 하인, 도제, 구호품 생활자들은 '자발적인 예종 상태'에 있기 때문에 이미 자유라는 생득권을 상실하고 말았다는 것이 그들의 공통

---

75 C. B. Macpherson, *The Political Theory of Possessive Individualism: Hobbes to Locke* (Oxford: Oxford University Press 1962), 107~159.

76 Keith Thomas, "The Levellers and the Franchise", in Gerald Edward Aylmer, ed. *The Interregnum: The Quest for Settlement 1646-1660* (London: Macmillan, 1972), 57~78.

된 생각이었다고 스키너는 주장한다. 따라서 그는 투표권의 기준을 크롬웰 일파는 재산소유권에 수평파 다수는 생득권에 두었다는 데서 양편의 차이를 찾으려고 하는 시도는 틀렸다고 평가한다. 그는 예를 들어 크롬웰 편에서 그 논쟁에 가장 치열하게 참여했던 이레턴(Ireton) 도 재산을 소유했다는 사실 그 자체가 투표권을 행사할 수 있는 기준이 라고는 보지 않았다고 주장한다. 그는 자유롭게 투표할 수 있으려면 타인의 의지에 종속되지 않는 독립성을 유지해야 하는데 재산이 그 독립성의 근거일 수 있다고 보았을 뿐이다. 그리고 이러한 생각은 해링 턴과 같은 당시 공화주의자들의 공통된 생각이라는 것이다.

스키너의 이러한 주장은 포칵의 그것과도 일맥상통한다. 포칵은 공 화주의자들의 재산관이 결코 부르주아적 재산관이 아니었다고 주장한 다. 즉 공화주의자들은 재산은 도덕적 정치적 인격의 독립성을 유지하 는데 필요한 것이지 결코 물질적 문화적 욕구를 만족 시킬 수 있는 능력을 증대시키기 위한 것이 아니라고 보았다는 것이다.[77] 스키너는 이러한 관점에서 수평파가 반대한 것은 '모든 남성들에게 무조건 투표 권을 주는 것'(universal *male* suffrage)을 반대했지 '모든 남자다운 남자들 에게 투표권을 주는 것'(universal *manhood* suffrage)은 반대하지 않았다고 주장한다. 여기서 남자다운 남자란 타인의 의지에 따르지 않고 자기 스스로 결정할 수 있는 남자를 말한다.

따라서 수평파는 하인들뿐만 아니라 주교들마저도 남자다운 남자가 아니라고 분류했다는 것이다. 더나가 수평파 가운데는 하인들이나 구 호품 생활자들도 이성에 따라 판단할 수 있는 능력이 있다면 그 어떤

---

[77] J. G. A. Pocock, "Radical Criticisms of Whig Order in the Age of between Revolutions", in Margaret Jacob and James Jacob, ed. *The Origins of Anglo-American Radicalism* (London, 1984), 37.

다른 재산이 없어도 투표권을 행사해야 한다고 주장하는 인물도 있었음을 말하면서, 스키너는 결코 수평파가 단순히 재산 소유 여부를 투표권의 기준으로 생각하지 않았다고 재삼 강조한다. 재산소유권이 아니라 자기소유권(self-ownership)이 투표권의 기준이었다는 것이 스키너의 지론이다. 여기서 자기소유권이란 타인의 선의에 의지해 자신의 권리를 누리는 것이 아니라 그 자신의 의지에 따라 행동할 수 있는 능력을 가지고 있음을 말한다. 즉 자신이 한 행동이 자신이 가지고 있는 재화와 마찬가지로 자신의 것일 수 있는 남자들이 투표할 수 있다는 것이 공화주의자들의 공통된 생각이었다는 것이다. 즉 자유인의 지위를 가늠하는 기준이 재산이 아니라 독립적 인격이라는 것이다. 이러한 생각은 19세기 선거권 개정 논란 속에서 글래드스톤파의 선거권 확대론에도 영향을 미쳤다.[78]

5. 어떤 공화주의?

지난 세기 정치 철학에 일획을 그은 대표적인 자유주의 사상가 롤스는 공화주의를 '시민적 휴머니즘'(civic humanism)과 '고전적 공화주의'(classical republicanism)로 가르면서 공화주의에 대한 자신의 의견을 개진했다. 즉 개인의 권리보다 공동체의 공동선을 강조하는 공동체주의의 기초가 되는 포칵 식의 주장을 시민적 휴머니즘으로 부르면서 배격하고, 공동체주의를 거부하는 페티트와 스키너 식의 주장은 고전

---

78 Kari Polanen, "Voting and Liberty: Contemporary Implications of the Skinnerian Re-thinking of Political Liberty" *Contributions to the History of Concepts* 3 (2007), 26.

적 공화주의라고 부르면서 자신의 철학과 번지수가 멀지 않다고 평가한 것이다.[79] 그 이유는 오늘날과 같은 다원주의 사회에서는 모든 것을 포괄하려는 그 어떤 철학도 용납되지 않기 때문이라고, 즉 서로 경쟁적이고 양립 불가능한 어떤 주의주장에 대해 어떤 한 가지만이 옳다고 할 수 없기 때문이라고, 롤스는 강변한다. 그리하여 그가 말하는 정치적 자유주의는 해결의 전망이 보이지 않는 심각한 이념적 교리적 갈등 속에서 공정하고 자유로운 사회가 어떻게 가능한가를 추구하는 것인데, 그의 정치적 자유주의는 국가는 그 어떤 이념과 교리가 기초해 있는 도덕적 명제들에 대해서도 중립을 지켜야 한다고 주장한다.[80] 그런데 공동체의 일에 참여하는 덕을 실천하는 것이 인간의 목적을 실현하는 좋은 삶이라고 규정하는 포칵의 시민적 휴머니즘과 그에 기초한 공동체주의 같은 이론들은 모든 것을 포괄하려는 일원론적 교리인 반면에, 고전적 공화주의는 단지 사적인 자유를 지키는데 충분할 정도로 정치적 덕이 필요하다고 보는 것이기 때문에 포괄적 일원론적 교리가 아니라는 것이다.[81]

그러나 롤스가 같은 편이라고 평가한 스키너는 일찍이 롤스의 정치철학의 근간인 정의론이 자신의 주장과는 양립할 수 없다고 선을 그었다. 롤스의 정의론은 분배 정의와 사회 안에서 인간에 대한 올바른 처우에 대한 합의를 어떻게 이끌어낼 수 있는지를 보여주려고 한다. 그에 의하면, 인간 사회에서는 늘 개인들 간의 이해가 충돌한다. 왜냐

---

79 John Rawls, *Political Liberalism* (New York, Columbia University Press, 1996), 205. 그의 이러한 구분은 포칵이 공화주의와 시민적 휴머니즘을 동의어로 사용하는데서 착안한 것 같다.

80 *Ibid.*, xxii, xxx.

81 *Ibid.*, pp.205~206.

하면 인간들은 그들의 협동으로 창출된 이익이 어떻게 하면 자신들에게 좀 더 많이 분배되어 혜택을 입을 수 있을지에 대해 무관심하지 않기 때문이다. 이러한 혜택을 어떻게 나눌 것인지를 결정하는 다양한 사회적 장치들 가운데 어떤 것을 선택하기 위해서는 일련의 원리가 필요한데 그것이 바로 사회적 정의의 원리이다.[82] 이 원리는 본질적으로 기본적 권리와 의무를 배정하기 위한, 그리고 사회적 협동의 혜택과 부담을 적절하게 분배할 수 있는, 수단을 강구하는 것이다. 따라서 그 원리들을 사회에 적용시키면 기본적 권리와 의무를 배정할 때 그 누구도 차별받지 않도록 하는 제도가 수립될 것이다.[83] 또한 아리스토텔레스가 일찍이 말한 각자에게 맞는 몫을 각자에게 주는 분배 정의가 실현될 것이다.[84] 따라서 롤스의 정의론의 기본 전제는 그 누구도 침해할 수 없는 개인의 권리가 존재한다는 것일 수밖에 없다. 그는 공동체 혹은 사회의 일반적 복지도 그것을 넘어설 수 없다고 단언한다.[85] 한마디로 말해 개인의 권리가 공동체의 선에 우선한다는 것이다.[86]

스키너는 여기에 분명히 반대한다. 앞서 말했듯이 스키너의 공화주의는 먼저 자유 공동체가 존재해야 그 안에서 개인들은 자유롭고 권리를 누릴 수 있다고 주장한다. 즉 일찍이 자유를 간섭의 부재로만 정의 내린 벌린과 하이예크와 같은 자유주의자들은 자유는 정치 체제의 근본 성격과는 관계없이 누릴 수 있는 것이며 자유로운 개인이 되기 위해서 집단적 자유를 함께 공유할 필요는 없다고 주장한 바 있다.[87] 스키너

---

82 John Rawls, *A Theory of Justice* (Cambridge, Mass. Harvard University Press, 1971), 11.

83 *Ibid.*, pp.5.

84 *Ibid.*, p.10.

85 *Ibid.*, p.3.

86 *Ibid.*, p.31.

87 Isaiah Berlin, "Two Concepts of Liberty", 129-130; Friedrich A. Hayek, *The Constitution*

는 바로 이것이 자유주의와 공화주의의 차이점이라고 규정한다. 공화주의 자유론의 핵심적 전제는 자유를 누리기 위해서는 자유 공동체가 먼저 존재해야 한다는 것이다. 따라서 스키너는 자유 공동체를 지키기 위한 시민적 의무가 개인의 권리에 우선한다고 누누이 강조한다. 그는 마키아벨리의 언명을 예로 들면서 시민들이 각자의 목적을 실현하기 위해 자신의 선택권을 보장받으려면 우선 그것을 보장해 주는 자유 공화국이 존재해야 하고 이를 위해 시민들은 늘 시민적 덕을 발휘해야 한다고 주장한다. 롤스가 말하는 정의와 권리도 자유 공화국 안에서만 안정적으로 그리고 최대한으로 지켜질 수 있다는 것이다. 즉 시민들의 공적 의무의 수행이라는 덕이 롤스가 지키려고 하는 것의 필요조건이라는 것이다.[88]

그렇다고 해서 앞서 보았듯이 스키너가 공동체주의자들처럼 공동체를 일원적으로 지배하는, 즉 모든 인간이 실현해야 할, 목적이 초월적으로 존재하고 그것을 실현하는 것이 곧 자유라고 보지 않는다. 아마 롤스는 스키너의 이러한 언명을 바탕으로 자신의 정치적 자유주의와 고전적 공화주의가 본질적으로 다른 이론이 아니라고 본 것 같다. 그러나 그것은 오해다. 페티트에 의하면 자유는 자유 그 자체를 위해 제한될 수 있을 뿐이라는 롤스의 언명은 바로 공화주의가 비판하는 자유주의의 자유론의 핵심이기 때문이다. 그것은 법은 언제나 간섭의 부재로서 자유를 제한한다는 홉스 식의 발상이라고 그는 비판한다.[89] 또한

---

of Liberty (Chicago, Chicago University Press, 1960), p.13.

88 Quentin Skinner, "On Justice, the Common Good and the Priority of Liberty", in Chantal Mouffe, ed. *Dimensions of Radical Democracy; Pluralism, Citizenship, Community* (London, Vreso, 1992), pp.211~224.

89 Philip Pettit, *Republicanism*, 50.

개인의 권리가 공동체의 일반복지에 우선한다는 롤스의 철칙은 일반복지를 위해 개인의 자유를 제한하는 법을 만들 수 없다는 것인데, 그것은 앞서 본 공화주의자들이 생각하는 자유와 법과의 관계와는 배치된다는 것이다. 페티트는 공화주의자들이 말하는 지배의 부재로서 자유는 롤스가 말하는 주된 선의 하나로서 인간들이 무엇을 추구하던지 필요로 하는 것이라고 주장한다.[90] 그러나 그것은 자유주의자들이 주장하듯이 인간들이 자신들이 알아서 추구해야 하는 선은 아니다. 그것은 인간들 각자를 위해 정치적 연대를 통해 공동으로 추구해야 하는 선이다. 즉 자유 국가를 통해 가장 잘 추구될 수 있는 것이다.[91]

결론적으로 우리에게 남는 것은 어떤 공화주의를 선택하는 것이 아니다. 포칵, 페티트, 스키너 모두 공통적으로 말하고자 하는 것은 자유 공동체가 존재하지 않으면 자유로운 개인도 존재할 수 없다는 것이다. 공화주의는 자유 공동체의 평등한 구성원으로서 자유인의 지위를 지키기 위해 그 누구도 상위자로서 자의적 권력을 가질 수 없게 연대하고 참여해야 한다는 공민 윤리인 것이다. 이 점에서 공화주의는 그 암담한 현실을 일거에 뒤엎고 새 세상을 건설하려고 했던 그 위대한 이데올로기와는 다르다. 공화주의는 민주적 집중제니 무오류의 당 중앙이니 하는 것을 설정하지 않는다. 그것은 하이예크의 언명대로 '예종의 길'로 인도하는 것임을 현재까지의 역사가 말해 주고 있다.[92] 1960년대 영국 노동당 정부의 각료를 지냈던 좌파 논객 리처드 크로스만은 사회민주주의는 인민들에게 자기 결정권을 줄 때 가능하다고 배웠지만 현실은 중앙집중제적 엘리트주의가 횡횡하고 있다고 비판

---

90 *Ibid.*, 90.

91 *Ibid.*, 274.

92 F.A,Hayek, *The Road to Serfdom* (London: George Loutledge &Sons, 1944)

한 적이 있다.[93]

이는 그 이데올로기가 자칫 잘못하면 인간을 해방시키기는커녕 오히려 폐쇄회로에 가둘 수 있는 위험성을 내포하고 있음을 보여준다. 이와는 달리 공화주의는 깨어 있는 시민들이 공동의 이익을 실현하기 위해 늘 참여하고 심의하는 인간의 공적 영역을 최대한 확보하려고 한다. 따라서 공화국은 민주적 정치 절차인 입법을 통해서 그리고 시민 단체와 같은 결사 행위를 통해서 더 나가서는 대중 집회와 같은 직접적 행동을 통해서 자율적 시민들이 주체적으로 열어나가는 열려 있는 공간이다. 이러한 자유공동체 안에서 평등한 구성원의 지위를 확보할 때만 인간은 자유를 누릴 수 있다는 것이 스키너와 페티트의 논지이다. 그들은 오늘날 헤게모니를 장악하고 있는 자유주의로는 이를 실현할 수 없다고 단정한다. 왜냐하면 자유주의는 상위자가 존재해도 간섭만 하지 않으면 인간들은 자유롭다고 보기 때문이다. 이렇게 볼 때 공화주의는 좌파 담론과 기획에 새로운 활력소를 불어 넣어 줄 수 있다. 2004년 집권한 에스파냐 사회노동당은 오늘날 페티트를 초대해 자신들의 정책과 프로그램이 공화주의적 목표를 달성할 수 있는 것인지에 대해 평가해 주기를 요청한 적이 있다.[94]

오늘날 우리 사회를 비롯한 인류 사회는 엄청난 양극화에 시달리고 있다. 그런데도 우리는 연대와 참여를 통해 공동의 이익이 실현되는

93 David Marquand, "The Democratic Republican Tradition in Britain" in Stuart White and Daniel Leighton, ed. *Building A Citizen Society, The Emerging Politics of Republican Democracy* (London: Lawrence & Wishart, 2008), 23.

94 Philip Pettit and Frank Lovett, 앞의 논문, 13, Stuart White, "Is Republicanism the Left's 'Big Idea'?" *Renewal*, 15. 1 (2007), 37. 이 논문에서 화이트는 공화주의가 사회주의를 대체할 수 있을 만큼 '큰 이념'은 아니지만 시민적 참여에 대한 강조와 같은 공화주의의 기본적 관념은 사회민주주의가 받아들여한다고 주장한다.

공화국의 정신을 실현하려고 하는 대신 각개약진으로 자기 몫을 더 챙겨야겠다고 필사적으로 달려들다가 결국 각개격파 당하는 것이 현실이 아닌가? 지난 2006년 스키너는 독일의 프랑크푸르트 알게마이네 짜이퉁과의 인터뷰에서 "우리 모두는 노예다"라고 개탄한 적이 있다.[95] 그러나 아무리 자유주의가 헤게모니를 장악하고 있다고 해도 자유주의가 보장하는 알량한 노예의 자유를 넘어서-자유주의에 의하면 인자한 주인이 간섭만 하지 않으면 노예도 자유롭다!-우리 모두 스파르타쿠스의 후예가 되려는 노력을 포기해서는 안 된다. 누가 자유주의를 두려워하랴?

---

95 "Sind wir modernen Bürger alle Sklaven?" Interview Quentin Skinner, *Frankfurt Allgemeine Zeitung*, 15 December 2006. Kari Polanen, 앞의 논문 29에서 재인용.

제3장

공공성과 종교: 시민종교론

제3장
공공성과 종교: 시민종교론

1. 머리말

지난 세기에 들어와 나타난 일련의 전체주의를 종교의 한 형태로, 더 직접적인 표현으로는 광신도들의 집단 숭배로, 해석하려는 경향이 아직도 큰 영향력을 행사하고 있다. 파시즘을 하나의 종교로 해석한 이탈리아 역사가 에밀리오 젠틸레는 정치가 신성화되는 과정을 다음과 같이 설명한다.[96] 첫째, 세속적 집단이 신념과 신화 체계의 중심이 되어 사회적 존재의 궁극적 의미와 목표 그리고 선악 구분의 기준을 규정한다. 둘째, 이러한 세속적 집단의 실체에 대한 인식이 윤리적이고 사회적인 계율로 통합되어 개인과 신성화된 집단을 하나로 묶고 개인의 헌신과 충성을 끌어낸다. 셋째, 그리하여 정치 운동에 가담한 사람

---

96 Emilio Gentile, "The Sacralization of Politics: Definitions, Interpretations and Reflections on the Question of Secular Religion and Totalitarianism", *Totalitarian Movements and Political Religions*, v.1 (2000), pp.18~55.

들은 스스로를 선택된 공동체의 구성원으로 믿고 그들 사이에 이루어 지는 정치적 행위가 신성한 의무를 완수하는 메시아적 기능을 수행하는 것으로 간주하면서 신성화된 집단을 기리기 위한 정치적 제의를 만들어 낸다.

또한 공산주의를 하나의 종교로 보는 폴란드 역사가 마르친 쿨라는 공산주의의 이데올로기는 일종의 목적론적 역사관으로서 크리스트교의 그것과 똑같은 것이라고 주장한다. 구소련 공산당의 모든 관변 역사는 레닌과 스탈린을 광야에서 동족을 이끌어 약속의 땅으로 들어가게 하려고 종교적 미혹과 타락 그리고 외적과 투쟁했던 구약의 모세처럼 그렸다는 것이다. 뿐만 아니라 크리스트교에서 예수의 탄생이 하나의 전환점으로서 인류의 역사가 타락의 역사와 구원의 역사로 구분되는 것과 마찬가지로 10월 혁명을 인류 역사의 전환점으로 자리매김했다는 것이다. 그에 따르면 공산주의와 크리스트교는 진리와 권위의 독점, 교단과 당의 존재, 성인 숭배, 기도서와 축일의 존재라는 점에서 똑같다.[97]

이렇듯 역사와 정치사상사 연구에서 시민(정치)종교는 주로 20세기의 전체주의 체제와 연관되어 논의되어 왔다. 전체주의적 국가관에 의하면 국가는 단순히 개인들의 이해관계가 제도적 장치에 의해 조정되는 장이 아니다. 그것은 개인들의 사적 의지의 총합을 초월하는 일반의지가 구현되는 장이다. 국가가 하나의 인공적 기계 장치가 아니라 그 구성원들의 영혼을 지배하는 초월적 의지의 구현체로서 간주되기 때문이다. 인간은 국가라는 공동체를 떠나서는 존재할 수 없기 때문에

---

[97] 마르친 쿨라, 임지현·김용우 엮음, 「종교로서의 공산주의」, 『대중독재 2, 정치 종교와 헤게모니』, 책세상, 2005, pp.67~89.

국가에 대한 충성은 자신을 완성시키려는 영적 행위라는 것이다. 즉 국가 안에서의 정치 행위는 일종의 종교적 행위이며 이를 통해 인간은 자신을 구현할 수 있다는 신념이 국가를 신비화시키고, 따라서 이러한 국가는 자연스럽게 종교적 숭배의 대상이 된다.

이러한 시민종교론은 르네상스 이래 세속 국가를 종교와 분리시키려는 "서양의 정치적 전통으로부터의 근본적인 일탈"이라고 비판받아 왔다.[98] 그도 그럴 것이 서양의 근대 정치사상은 정치에서 종교적인 것을 배제하고 있는 그대로의 현상을 과학적으로 분석하고 일반화시키는 것을 목표로 삼아 왔기 때문이다. 특히 계몽주의는 인간의 완성가능성을 종교적 신앙을 배제하고 이성의 계발을 통해 실현하는 것을 목표로 삼았으며 인간의 사회적 정치적 삶에서도 이것이 가능하다는 믿음을 심어 주었다. 그렇다면 전체주의의 시민종교론은 이러한 근대=세속화=과학이라는 삼위일체의 벽을 뚫고 20세기에 갑자기 나타난 것이 된다. 그러나 시민종교에 대한 논의를 전체주의적 국가숭배와 연결시키는 데만 국한하지 않고 좀 더 폭 넓게 국가 안에서의 시민 생활과 그것을 담보해 줄 수 있는 종교의 역할에 대한 담론으로 확장시킨다면, 그러한 논의는 고대에서부터 면면히 이어져 내려오는 것을 발견할 수 있다.

본고는 이러한 취지에서 서양의 전통적인 시민종교론과 파시즘의 그것을 비교해 보려고 한다. 우선 전통적인 시민종교론의 지적 계보를 고대 플라톤에서 17세기 영국 혁명 시기의 해링턴과 로크까지 개괄할 것이다. 그 다음 파시즘의 정치종교론을 무솔리니를 중심으로 고찰할

---

98 R. Tucker, *Philosophy and Myth in Karl Marx* (Cambridge, Cambridge University Press, 1961), p.31.

것이다. 이를 통해 전통적 시민종교론과 파시즘의 정치종교론과의 단절을 보여줌으로써 시민종교가 반드시 전체주의의 산물은 아니라는 것을 보여주려고 한다. 즉 서양의 전통적인 시민종교론은 종교의 공공성을 강조하는 담론이었음을 보여주려고 한다.

2. 전통적 시민종교론의 지적 계보

시민종교론은 서양의 정치적 전통의 중요한 일부분이었다. 정치 공동체가 복잡다단한 이해관계로 얽혀 있는 개인들에게 응집력을 발휘하고 순기능을 발휘하기 위해서는 정치 공동체에 대한 그 구성원들의 믿음이 종교에 기초한 것이어야 한다는 생각은 이미 고대에서부터 발견된다. 즉 국가의 법을 지키는 것이 신이 부여한 양심을 지키는 행위라는 신념과 범법은 신의 처벌을 수반한다는 공포를 시민들이 가질 때 비로써 사회의 질서가 확립되고 안정이 유지된다는 것이다.

일찍이 플라톤은 『국가론』에서 이를 '시민 신학'이라고 불렀다. 그것은 신화적 신학과 철학적 신학과 구별된다. 신화적 신학은 인간들의 무지의 소치가 만들어 낸 허구요, 철학적 신학은 철학자들의 고도의 지성의 산물이다. 전자는 무조건 배격해야 하는 미신 같은 것이요, 후자는 진실된 신학이지만 일반인들이 이해하기에는 너무 어렵다. 따라서 그 중간쯤에 시민 신학을 정립할 필요가 있다. 그것은 인간과 사회의 올바른 질서에 필수적인 원리와 교리로서 철학자들이 고안한 다음 알아듣기 쉬운 이야기와 이미지로 바꿔놓은 것이다. 이 세계의 신적 질서에 대한 철학적 지식을 신화적 이야기와 상상적 재현으로 꾸며 일반인들이 이해하기 쉽게 만든 것이다. 그 내용은 신은 선한 신으로서

악을 만들지 않았으며, 신은 마술과 같은 것으로 인간을 기만하지 않으며, 선하고 유덕한 인간들을 위해 영혼의 불멸을 설정해 놓았다는 것이다. 그리고 이러한 교리들이 시민들로 하여금 신을 숭배하고 부모를 존경하고 구성원 간의 우의를 가치 있는 것으로 믿게 한다는 것이다(379c-392a). 플라톤은 이러한 시민종교를 정의로운 정치 질서의 수립을 위한 필수적인 조건이라고 보았다. 그는 『법률론』에서 법을 지키는 행위와 이러한 신을 숭배하는 행위를 같은 행위라고 주장했다(par 130). 즉 시민적 경건성이 국가와 그 법의 기초가 되어야 한다는 것이 플라톤의 지론이었다.

폴리비우스는 『역사』에서 로마 공화국의 우월성의 한 요인을 이러한 시민종교가 제도화되어 있었다는 사실에서 찾았다. 그는 그리스인들에게는 미신으로 보이는 것이 로마인들을 하나의 국가로 묶어주고 있다고 기술했다. 즉 로마는 공식적인 종교적 제전과 공연을 통해 보이지 않는 두려움을 로마인들에게 주입시킴으로써 그들을 그리스인들보다 훨씬 더 경건하고 준법정신이 강한 인간들로 만들었다는 것이다(하바드 대학교 영역본, 1979, 394쪽). 키케로는 『국가론』에서 왕정 시대의 제2대 왕이었던 누마 폼필리우스(Numa Pompilius)의 개혁이 바로 그러한 시민종교의 기초를 닦은 것이라고 주장하였다. 누마는 종교적 혁신을 통해 로물루스 치하의 호전적이고 야만적이었던 로마인들을 경건하고 세련되고 온화한 인간으로 만들었으며 그것이 로마 공화국의 튼튼한 기초가 되었다는 것이다(케임브리지 대학교 영역본, 1999, 41쪽). 리비우스도 『역사』에서 누마가 무력에 기초해 있던 로마를 법에 기초한 로마로 바꿀 수 있었던 이유는 시민 종교의 수립을 통해 하늘의 두려움을 시민들에게 주입시켜 놓았기 때문이라고 주장했다(하바드 대학교 영역본 제1권, 1919, 67~69쪽). 이러한 주장은 플루타르크와 타키투스에게도 이어졌다. 시민적 경건성이 바로 법의 지배라는 로마 공화국의 튼튼한 기초를 가능케 했다는 것이다.

이러한 시민종교의 유용성에 대한 담론은 중세에서도 나타난다. 그 대표적인 예로, 1159년에 솔즈베리의 존(John of Salisbury)이 당시 잉글랜드 왕 헨리 2세의 자문관 토머스 베켓을 위해 쓴『정치가의 선』(Policraticus)을 들 수 있다. 그는 그 책에서 누마의 예를 들며 종교가 국가의 혼이라고 주장했다. 누마가 종교적 제례를 제도화하여 시민들의 경건성을 고양시킴으로써 악행을 막고 정의를 수립했으며 시민들 간의 연대와 애정을 공고히 했다는 것이다. 스티븐 왕 치세의 무정부적 상태에서 막 벗어나 법질서 확립이 절실히 요구되고 있을 때에, 존은 누마의 예를 들어 종교가 국가에 가져다 줄 수 있는 정치 사회적 이익을 논했던 것이다. 그는 종교가 내적 신앙에만 머물 것이 아니라 외적 제례도 갖추어 이를 통해 인간들의 사회적 정치적 행위의 순화를 이끌어내야 한다고 생각했다. 즉 종교가 시민적 삶과 분리되어서는 안 된다는 것이다. 그는 복음서의 내용들은 바로 시민적 삶의 덕행을 교시한 것이라고 주장했다. 종교의 외적 제례를 제도화해 인간들의 약점을 치유하고 시민적 행위를, 즉 정의에 대한 존경과 구성원 간의 연대를, 고취시켜야 한다는 것이 그의 지론이었다(John Dickinson 영역본, New York, 1963, 68~69쪽).

13세기의 대 알버트(Albert the Great)도 입법자들에게 중요한 것은 진리의 원리를 찾는 것이 아니라 보상의 희망과 처벌의 공포에 입각한 경건성을 인민들에게 부여함으로써 국가의 안정과 질서를 유지하는 것이라고 주장했다(A. Borgnet 편 전집, 1890, 6권, 129쪽). 토머스 아퀴나스도『신학 대전』에서 종교가 인민들이 공동선을 추구하는 것을 가능케 함으로써 국가의 안녕을 가져다 줄 수 있다는 사실에 주목했다(1~2

q.99a. 3). 르네상스 시대에 들어와서도 시민 종교의 유용성은 계속 확인 되었다. 페트라르카는 『위인 열전』(De viris illustribus)에서 누마가 종교를 통해 로마 사회를 정치 사회로 만들었다고 찬양했다. 단순하고 무식했던 로마인들에게 신에 대한 경외심을 불어 놓고 그들의 행동에 종교적 제약을 가함으로써 로마에 법치와 평화와 연대를 가져다주었다는 것이다(Guido Martellotti 편, Firenze, 1964, 15~16쪽). 마키아벨리도 『리비우스 논고』에서 종교가 로마인들에게 도덕심을 고취시킴으로써 진정한 용기가 무엇인지를 알게 해주었고 질서 속에서 번영을 구가할 수 있게 해주었다고 보았다(시카고 대학교 영역본, 1996, 34~35쪽).

이러한 시민종교가 서양의 정치 전통에 좀 더 확고히 뿌리내릴 수 있었던 것은 종교 개혁 덕분이었다. 종교 개혁은 만인사제주의를 통해 개인의 구원을 사적 영역의 일로 한정시키면서도 한편으로는 이것을 가능하게 해주는 국가를 설정하지 않으면 안 되었다. 즉 부패한 교황체제로부터 진정한 종교를 지켜 줄 세속 국가가 필요했던 것이다. 그런데 교황체제의 사제 지배를 종식시키고 만인사제주의를 실현할 수 있는 세속 국가를 유지하는 일 자체가 바로 시민 종교였다.

이러한 종교 개혁 시대의 시민 종교의 본질을 꿰뚫은 사상가가 바로 헤겔이었다. 그는 인간은 정신적으로 국가 안에서 완성되는 폴리스적 존재이며 그것은 이미 복음서에서 약속된 인간의 자유였다고 주장했다. 바로 그 자유를 교황체제의 사제 지배가 찬탈하여 인간의 자아실현을 가로막고 국가에 치명상을 입혔는데 종교 개혁이 이를 바로잡았다는 것이 그의 지론이다. 헤겔은 진정한 종교는 국가 안에서의 일상적 인간관계의 행위들 안에서 신성을 발견하게 해주는 것인데 이것이 바로 만인사제주의라고 주장했다. 따라서 근대 국가를 교황체제로부터 지켜내는 것 자체가 종교적 행위라는 것이다. 그는 17세기 영국 혁명이 바로 이러한 종교 개혁의 정점이었으며 자신의 시대의 독일 국가가 바로 그것의 최종적 목표를 실현할 수 있다고 믿었다. 근대 국가는 만인사제주의를 담보해 복음서가 보장한 자유를 실현할 수 있는 유일한 장이라는 것이다(『역사 철학』, C.J. Friedrich 편역, 1956, 343~344, 378~381, 422~424쪽; 『법철학』, T.M.Knox 편역, 1967, paras. 259~260, 270, 272).

헤겔의 이러한 주장은 고대 폴리스적 언어와 성경적 언어를 절충한 것이라고 할 수 있다. 고대 아테네, 스파르타, 로마의 시민과 예루살렘의 성인이 동일시되는 곳에서 인간은 진정한 자유를 얻을 수 있으며 그것을 근대 국가가 담보해야 한다는 것이다. 이러한 주장은 헤겔의 지적대로 17세기 영국 혁명에서 그대로 나타난다. 일반적으로 청교도들은 은총과 선자의 개념을 앞세운 종교적 근본주의자들이라고 오해받고 있다. 즉 그들은 세속 정부는 신적 의지를 구현하는 은총을 받은 선자들의 독재 기구라고 생각하고 이를 통해 보편적 구원을 추구했다는 것이다. 그러나 실제로 그들의 투쟁은 교황체제와 장로교의 사제 지배에 반대하는 만인사제주의를 실현하기 위한 세속적 정치적 투쟁이었다. 수평파였던 리처드 오버튼은 모든 사람이 본성 상 왕이요, 사제요, 예언자라고 주장하면서 따라서 왕, 사제는 위임과 자유로운 동의에 의해 지명된 공복의 대표가 되어야 한다고 주장했다. 이러한 언명은 세속적 인간관계의 완성 안에서 크리스트교의 정신이 구현될 수 있다는 주장이었다.[99]

---

99 W. Haller, *Liberty and Reformation in the Puritan Revolution* (New York, Columbia University Press, 1963), p.281.

3. 근대 초 영국의 시민종교론

1) 해링턴의 시민종교론: 예루살렘과 아테네의 합일성

17세기 영국에서 이러한 시민종교론을 가장 잘 보여주는 사상가가 바로 제임스 해링턴이었다. 그는 보통 재산이 정치 체제의 성격을 결정한다는 근대적 세속적 정치 원리를 간파한 사상가로 유명하다. 그는 재산을 소유하게 된 계층이 정치적 헤게모니를 장악하는 것이 자연스러운 일임을 보여주는 예가 바로 영국 혁명이었다고 해석했다는 것이다. 그리하여 그의 한 연구자는 그의 지적 작업이 정치에서 신을 배제시키는 근대적 정치학의 정수를 보여준다고 주장한다. 그의 책에는 영적 내용은 하나도 없고 인간 이성의 근대 세계를 그대로 보여준다는 것이다.[100]

그러나 이러한 해석은 그의 저술이 어떤 역사적 맥락에서 나온 것인지를 무시한 결과라고 할 수 있다. 해링턴이 말하고자 했던 것은 바로 진정한 종교를 담보해 줄 수 있는 공화국을 수립하기 위해서는 감독제와 장로제를 폐지해야 한다는 국가주의적 독립파의 생각이었다. 그는 진정한 종교를 수립하는 것이 국가 본연의 업무에 속한다고 주장한다. 그리하여 그의 『오세아나』(Oceana)에는 국가 종교 평의회가 구성되어 사적 종파적 광신을 방지하고 동시에 교구는 투표를 통해 목사를 뽑아 자발적으로 목회를 할 수 있다. 그러나 그 목회가 카톨릭, 유태교, 우상 숭배의 목회가 되어서는 안 된다. 세속 국가가 진정한 종교의 요새가 되어야 한다는 것이 그의 지론이었다.[101]

---

100 J.N. Shklar, "Ideology Hunting: the Case of James Harrington", *American Political Science Review* 53 (1959), p.684.

101 James Harrington, *Political Works*, ed. by J. G. A.Pocock (Cambridge, Cambridge Uni-

그는 재산이 인민의 수중으로 들어가 공화국이 영국의 정치 체제의 최종 목적지가 되었는데 이를 지키기 위해서는 감독제도 장로제도 폐지해야 한다고 주장했다. 그것은 소수의 자유만을 보장하는 종교적 제도이기 때문이다. 만인사제주의가 공화국에 적합한 유일한 종교 형식이라는 것이 그의 지론이었다. 그는 사제 계급이 영적 세속적 자유의 적이라고 규정하면서 이들은 왕의 부속 계급으로서 왕정이 복고된다면 공화국의 모든 자유와 관용은 사라질 것이라고 주장했다. 따라서 만인사제주의는 공화국을 지키는 시민종교라는 것이다.[102]

그는 만인사제주의를 지키기 위해 서양의 고전적 공화주의 전통과 진정한 종교로서 크리스트교의 전통을 일치시키려고 노력했다. 그에 의하면 모세 시대의 이스라엘, 사도 시대의 초기 크리스트교는 바로 고대 그리스 로마의 공화국들과 같은 성격의 집단이었다. 그런데 역사의 순환은 이들 집단을 부패시켜 종교적으로는 사제 계급의 과두 지배 체제, 교황 지배 체제로 정치적으로는 귀족 지배 체제와 전제 군주제로 타락시켰다는 것이다.[103]그때마다 진정한 종교와 진정한 국가를 복원시키기 위한 노력들이 나타났는데 예수의 개혁과 자기 시대의 종교 개혁적 공화국의 수립이 그것이다. 그는 티베리우스의 전제정 하에서 예수가 처형되었다는 사실이 바로 전제 군주제가 진정한 종교로서 크리스트교와는 맞지 않음을 보여주는 예라고 주장한다. 진정한 종교로서 크리스트교는 공화국에서만 가능하다는 것이다. 이것은 시민적 자유가 크리스트교적 자유와 일치한다는 것과 같은 의미였다.[104] 그리하

---

versity Press, 1977), pp.185, 204, 214~217, 251.

102 *Ibid.*, pp.736, 749~750.

103 *Ibid.*, pp.262, 384, 534~535.

104 *Ibid.*, pp.185~186, 764~767.

여 그는 영국 공화국은 바로 아테네가 곧 예루살렘이고 예루살렘이
곧 아테네인 곳이라고 규정했다. 이 공화국을 지키기 위해서 만인사제
주의라는 시민종교가 필요하다는 것이 바로 해링턴의 지론이었다. 그
는 자신의 이상향 '오세아나' 공화국이, 즉 정의로운 공화국은 바로
크리스트의 왕국이라고 단언한다.[105]

2) 로크의 시민종교론: 자연법과 크리스트교의 합일성

이러한 시민종교론은 로크에서도 나타난다.[106] 그는 『크리스트교의
합리성에 대하여』에서 크리스트교야말로 정치 공동체의 질서를 유지
시키고 그 구성원들을 계도시킬 수 있는 보편성과 초월성을 모두 갖춘
시민종교라고 주장했다. 크리스트교의 교훈은 시민 생활에 필요한 이
성과 같은 것이요 크리스트교에서 말하는 신성의 진실성이 사회의 기
초가 될 수 있다는 것이다. 영생을 얻기 위해 인간들이 따라야 하는
크리스트교의 신의 법은 곧 이성의 법이요 자연의 법이어서 그것은
시민 생활의 옳고 그름의 공정한 기준이 되고 사회를 묶어주는 원리가
된다는 것이다. 그런데 로크는 이러한 크리스트교가 시민 종교가 되는
것을 방해하는 요인이 존재한다고 보았다. 그것은 바로 크리스트교가
지니고 있는 배척적 유일 신앙에서 나오는 종파주의와 오로지 신앙에
의해서만 의롭다는 주장이라고 로크는 지적한다. 그는 이를 극복하기
위해서 우선 예수를 메시아라고 인정하기만 하면 모든 종파들이 서로

---

105 *Ibid.*, p.332.

106 Ellis Sandoz, "The Civil Theology of Liberal Democracy: Locke and His Predecessors",
Journal of Politics 34 (1972), pp.2~36: Michael Zuckert, "Locke and the Problem of civil
Religion: Locke on Christianity." in *Launching Liberalism: On Lockean Political
Philosophy* (Lawrence, University Press of Kansas, 2002), pp.145~168.

를 관용하자고 제안한다. 그리고 '오로지 신앙'보다 더 중요한 것은 바로 예수가 말한 '회개'라는 사실을 상기하자고 주장한다. 회개는 신의 법, 이성의 법, 자연의 법으로의 합치를 말하는 것이다. 이것이 시민 생활을 가능하게 해 주는 진정한 종교로서 크리스트교의 진면목이라는 것이다.107

이렇듯 크리스트교의 진정성을 이성과 자연법의 합치로 본 로크는 종교를 자유주의적으로 사유화할 수 있는 것이라고 보지 않았다. 오로지 이성의 법과 자연의 법에 합치되는 크리스트교, 그 중에서도 프로테스탄트교만이 시민 사회가 요구하는 종교라는 것이다. 로크의 관용론이 가톨릭을 관용하지 않는 것이 이를 잘 보여준다. 그가 가톨릭을 반대하는 이유는 그것이 시민 사회에 적합하지 않은 사제지배체제이기 때문이었다. 교황파의 세속군주 암살론이 그 명백한 증거이고 논리적 결과라는 것이다. 로크의 논지대로라면 교황파는 '애국자'가 될 수 없다.108

이렇듯 시민종교론은 고대에서 근대 초에 이르기까지 면면히 이어져 왔다. 즉 국가와 종교를 어떤 식으로든 연관시켜 보려는 시도는 20세기에 들어와 갑자기 나타난 것이 아니다. 또한 이러한 시민종교론의 전통은 20세기의 전체주의적 국가 숭배와는 번지수가 다른 것이었다. 그것은 종교가 세속적 정치 공동체가 순기능을 발휘할 수 있는데

---

107 John Locke, *On the Resonableness of Christianity*, ed. by George W. Ewing (Chicago, Regnery, 1965), paras. 14, 26~163, 167, 171, 173, 180, 182, 228, 229~235, 243.

108 여기서 '애국자'는 20세기의 민족주의적, 전체주의적 의미와는 다르다. 18세기에 이르기까지 애국은 혈연 공동체에 대한 충성을 의미하지 않았다. 그것은 자유의 원리에 대한 충성을 의미했다. 그것의 반대말은 바로 폭정이었다. 조승래, 「애국주의」, 김영한 편 『서양의 지적 전통 II』, 지식산업사, 1998, pp.281~301 참조.

도움이 되며 또 그렇게 될 수 있도록 이용할 수 있다는 생각이었다. 고대 그리스와 로마의 예에서 볼 수 있듯이 시민종교는 폴리스에서 법치를 확립하고 그 구성원 간의 시민적 연대를 강화하기 위한 수단이었다. 종교의 기능에 이러한 시민적 정치적 차원을 부가하려는 시도는 중세에서도 발견할 수 있다. 특히 종교 개혁 이후 사제지배체제에 반대하는 프로테스탄트 사상가들은 만인사제주의를 통해 고대 폴리스적 전통과 크리스트교적 전통을 합치시키려는 노력을 경주해 왔다. 종교적으로나 정치적으로나 자유롭고 평등한 시민들과 그들로 구성된 정치 공동체를 수립하려는 것이 그들의 목적이었다. 따라서 그들에게 시민종교로서 크리스트교는 이성과 자연적 질서에 부합하는 합리적 종교가 되어야 했다. 20세기의 특수한 전체주의적 국가숭배는 이러한 서양의 시민종교의 전통에서의 일탈이라고 할 수 있을 것이다.

4. 종교로서의 파시즘

앞서 말한 시민종교와는 달리 현대 사회에서 나타난 전체주의는, 특히 파시즘은, 공동의 시민적 교의를 제시하는 것이 아니라 어떤 집단과 그 지도자의 신성화에 주력한다. 그 집단 안에서 그리고 그 지도자 아래서 개인은 그 어떤 자율성도 보장받지 못한다. 다만 계율을 준수해야 할 의무만이 있을 뿐이다. 뿐만 아니라 그 집단을 위해 자신을 희생할 것을 부단히 요구받는다. 파시즘의 경우 그 집단은 바로 영적 실제로 격상된 민족이었다. 무솔리니는 다음과 같이 말한다.

"우리는 우리의 신화를 창조했습니다. 그 신화는 신념이요 열정입니다…

우리의 신화는 민족입니다. 우리의 신화는 민족의 위대함이란 말입니다. 그리고 우리는 이 신화와 이 위대함을 완전한 현실로 바꾸어놓아야 하며 또 이를 위해 모든 것을 바쳐야 할 것입니다."[109]

무솔리니는 이러한 민족지상주의를 하나의 종교로 생각했다. 그는 1932년에 직접 쓴 『파시즘의 교의』 제 2장에서 파시즘이 개인을 "영적 조직의 일원"의 반열에 오르게 하는 "종교적 개념"이라고 역설했다. 여기서 개인은 자신을 초월하는 상위의 법, 즉 개관적 의지가 내재된 존재에 불과하다. 종래의 가톨릭교회가 내세적 구원을 약속했다면 무솔리니는 세속적인 새로운 유형의 영적 갱생을 이탈리아인들에게 약속했다. 그리고 그 종교는 교의의 전파를 그 신자들에게 반드시 실천해야 할 신성한 의무로 부여했다. 파시스트 국가가 이룩하려는 제국은 그저 영토, 군사, 상업적 표현이 아니라 영적이고 도덕적이라고 무솔리니는 강변한다. 그들이 건설하려는 제국은 다른 국가들을 영도할 수 있는 영적 제국이라는 것이다. 젠틸레가 이미 지적했듯이 파시즘은 하나의 종교였던 것이다.

그런데 그 종교는 서양의 전통적인 시민종교와는 달리 폭력과 전쟁 그리고 극단적인 민족주의와 영도자 숭배가 핵심을 이루고 있다.[110] 무솔리니 시대 파시스트 신앙을 전파하기 위해 봉사했던 예술가들은 영적 혁명으로서 파시즘과 새로운 인간 유형으로서 파시스트 인간형을 그려냈다. 그리고 그 중심에는 늘 무솔리니가 자리 잡고 있었다. 무솔리니라는 한 인물에 의해 표상되는 단일한 영적 공동체를 부각시

---

109 R. Griffin, *Fascism* (Oxford, Oxford University Press, 1995), pp.43~44에서 재인용.

110 Simonetta Falasca-Zamponi, *Fascist Spectacle, The Aesthetics of Power in Fascist Italy* (Berkeley, University of California Press, 1997) 제 1장.

켰던 것이다. 이탈리라, 파시즘, 그리고 마치 신처럼 이탈리아 전체를 주재하고 보호하는 무솔리니를 위해 모든 사람들이 하나로 뭉쳐야 한다는 것이다. 무솔리니는 자신의 공동체를 굽어 살피며 공동체의 구성원들은 그를 보호하고 숭상한다. 무솔리니의 영혼 그 자체에는 민족정신이 온전히 투영되어 있다는 것이다.

젠틸레는 이렇듯 파시즘이 하나의 종교로서 등장한 것은 순전히 근대적 현상이라고 주장한다. 그것은 지배자의 권력을 신성시한 전통적 관념과 행태와는 본질적으로 다르다는 것이다. 그에 따르면,[111] 전통적 사회에서 나타나는 "권력의 신성화"와 본질적으로 근대적 현상이자 근대에 나타난 정치의 신성화를 구분하는 것이 중요하다. 대체로 현대에 이르기까지의 인간의 역사에서 종교와 정치는 공생관계를 유지했다. 전통사회에서 지배자의 권력은 직접적으로 신성한 기원을 갖거나 기성 종교에 의해 축성된다. 그러나 정치의 신성화가 탄생할 수 있는 전제는 기성 형이상학적 종교에서 정치적 차원의 결정적인 분리이며 또한 정치가 독자성을 확보하고 국가를 최고의 가치로 격상하는 과정에서 자신의 우월성을 확보할 수 있어야 한다. 정치의 신성화는 근대성의 과정에서 나타난 현상이다. 근대성은 완전하고 돌이킬 수 없는 세속화의 시대가 아니라 새로운 유형의 세속적 종교성이 만들어질 수 있는 온상이다. 기성 종교가 가진 패권이 쇠퇴하고 국가 및 사회의 신성화가 진행되는 것은 집단적 삶에서 신성성의 점진적인 쇠퇴의 결과가 아니다.

젠틸레는 이러한 정치의 신성화는 근대 시민 혁명을 계기로 역사의

---

111 Emilio Gentile, "The Sacralization of Politics: Definitions, Interpretations and Reflections on the Question of Secular Religion and Totalitarianism", *Totalitarian Movements and Political Religions*, v. 1 (2000), pp.18~55.

무대에 본격적으로 나타났다고 본다. 미국혁명의 시대 이래로 정치와 종교의 경계는 자주 흐려졌으며 결국 정치야말로 자체의 독자적인 종교적 차원을 얻게 되었다. 프랑스혁명과 함께 유럽과 전 세계로 전파된 민족의 신성화는 정치를 종교적으로 만듦으로써 정치와 종교의 관계에 새로운 틀을 부여하였다. 정치는 신성성이 근대사회로 스며들 수 있는 주요 경로 가운데 하나가 되었던 것이다. 사실상 근대 대중정치의 영역에서 종교적 특징들을 지닌 정치운동들은 기존 종교로부터 나오거나 정당화되는 것이 아니라 자체의 정치적 성격에 내재하는 종교성을 지니고 있었으며 세속적인 것과 인간적인 것의 신성화의 효과가 만들어지고 전파되는 핵심 영역이 되었다. 젠틸레는 이러한 정치운동들은 불행하게도 인류에게 최대의 비극을 가져다주었다고 평가한다.

자코뱅파로부터 20세기의 전체주의적 혁명가들에 이르기까지 정치는 자체의 종교적 성격을 띠게 되었으며 인간존재를 지배할 뿐 아니라 새로운 인류 창조의 목표 아래 인간 개조를 기획했다. 계몽주의시대 이래 정치의 신성화는 인간 재생의 신화와 현세에서 완전히 새로운 완벽한 삶의 의미를 얻으려는 열망의 특징을 지니고 있었다. 그것은 역사적 차원에서 "인간 전체"를 개조하고 "새로운 인간"을 만들려는 갈망으로 표출되었던 것이다. 진보의 이념, 역사주의, 실증주의, 마르크스주의와 같은 근대 정치사상의 주류는 역사와 인간을 신성화하는 세속적 종말론이었다.

특히 묵시록적이며 재생적인 "위대한 사건"으로 경험된 일차 세계대전은 정치의 신성화에 결정적인 기여를 하였다. 그리고 그것은 무엇보다도 민족주의적 혁명 운동들에서, 전쟁 경험에서 유래한 신화와 의식 그리고 상징의 활용에 있어서 그러했다. 초월적이며 불멸의 실제로서 조국을 미화하기, 죽음과 부활의 상징, 민족에 대한 충성, 피와 희생의 신비주의, 스러져간 영웅과 민족의 순교자 숭배, 전우애로 뭉쳐진 공동체, 이 모든 요소들은 전사들 사이에 완전히 재생적인 경험으로서, 그러므로 본질적으로 종교적 현상으로서의 정치의 이상을 퍼뜨리는 데 기여했다. 이들에게 정치는 인간 삶의 모든 측면을 혁신하는 힘으로 받아들여졌던 것이다. 제1차 세계대전 이후, 그리고 주로 그것의 결과로서 민족주의는 사실상 현대 세계에서 가장 보편적인 정치종교가 되었고 정치의 신성화의 가장 생명력 있는 표현이 되었다.

이러한 정치의 신성화는 20세기 전체주의적 혁명들에서 그 절정에 도달했다. 전체주의는 그 본질상 종교의 성격을 지니지 않을 수 없다고 해도 과장은 아니다. 파시즘이 추구하는 것은 이탈리아의 지배라기보다는 이탈리아인의 의식의 독점과 통제였다. 권력 장악만으로는 충분하지 않았다. 파시즘은 모든 시민들의 개별적인 의식을 소유하기를 원하며 이탈리아인들의 '개종'을 바랐다. 파시즘은 성전(聖戰)의 전사와 같은 오만하고 초인적인 비타협성을 보였다. 그것은 개종자들에게 행복을 약속하지 않으며 세례를 거부하는 자에게는 어떠한 탈출구도 허락하지 않았다. 선한 목자는 이제 우리의 주일날을 짓누르는 매듭 많은 곤봉으로 무장한 채 이탈리아인들을 거칠게 자신의 성전으로 몰아넣고 성전 입장을 완강히 거부하는 사람들을 지옥으로 보낼 것이라고 위협했다. 이렇듯 파시즘은 배타적이며 전체적(integral) 성격을 지닌 정치의 신성화 유형이다. 그것은 다른 정치 이데올로기나 운동과의 공존을 거부하며 집단과의 관계에서 개인의 자율성을 인정하지 않고 계율의 준수와 정치의식에의 참여를 의무화하며 폭력을 적과의 투쟁에서 정당한 무기이자 재생의 도구로 신성시한다.

5. 맺음말

　정치에 종교적 성격을 개입시키려는 의도는 서양에서 고대 그리스 폴리스 시대부터 존재해 왔다. 그것은 보통 시민종교라는 개념으로 정치사상사와 사회과학 일반에서 다루어져 왔다. 그런데 20세기에 들어와 전체주의가 등장하면서 시민종교는 전체주의를 가능케 해 준 한 요인으로 간주되었다. 개인의 자율성을 무시하고 집단을, 특히 민족을, 종교적 숭배의 대상으로 신성화시켜 인간의 이성을 마비시키고 폭력과 야만의 교의를 퍼트린 것이 바로 시민종교라는 것이다. 그러나 시민종교의 계보를 역사적으로 추적하다 보면 전혀 다른 교의에 접할 수 있다. 원래 서양에서 시민종교는 정치 공동체 내에서의 시민들 간의 유대와 법치의 확립을 위해 고안되었다는 사실을 알 수 있다. 시민적 자유와 평등 그리고 공동의 복지를 위해 공동체를 위해 헌신하고 봉사하는 것을 하나의 종교적 행위로서 격상시켜 공동체의 구성원으로서 시민들 간의 유대와 질서의 확립을 보장받으려 했던 것이 시민종교였다. 즉 그것은 자유, 평등, 공동의 복지, 법치 등 공동체를 유지하는 데 필요한 추상적 원리에 대한 충성을 이끌어내기 위한 하나의 수단이었던 것이다. 이렇게 볼 때 특정 민족과 그 지도자에 대한 숭배를 통해 시민적 자유의 억압과 사회통제 그리고 군국주의적 침략을 정당화시키고 미화하는 전체주의와 전통적 시민 종교는 그 궤를 달리하는 것이 분명하다. 전체주의가 지니고 있는 종교성은 광신적 야만이 그 기본 성격이라면 전통적 시민 종교는 인간적 삶의 공공성에 대한 합리적 교리를 추구했다고 할 수 있는 것이다.

제2부

제4장
T.H.그린: 공동선과 적극적 자유

제4장
T.H.그린: 공동선과 적극적 자유

1. 머리말

그린(Thomas Hill Green, 1836~1882)은 영국 정치사상사에서 '신자유주의'(new liberalism)의 이론적 토대를 제공한 사상가로 자리매김 되고 있다. 그는 당시 헤게모니를 장악하고 있었던 고전적 자유주의가 영국이 직면하고 있는 사회적 문제들을 해결하는데 더 이상 유효하지 않음을 간파하고 있었다. 그리하여 그는 고전적 자유주의의 핵심인 개인주의와 자유방임주의에서 탈피하여 공동체 정신을 강조하고 국가 개입을 정당화하는 이론적 작업에 몰두하였다. 이러한 작업은 당시 탄력을 받던 자유당과 글래드스턴의 개혁을 철학적으로 뒷받침하는 것이었다.112 이 과정에서 그린은 먼저 자유의 의미를 새롭게 규정했다. 그것

---

112 그린의 정치사상에 대한 최근의 연구로는 다음을 참조. Maria Dimova-Cookson, *T. H. Green's Moral and Political Philosophy* (Basingstroke, Palgrave Macmillan, 2001); 후대 개혁사상에 대한 그린의 영향에 대해서는 다음을 참조. Matt Carter, *T. H. Green and*

은 개인주의적 자유주의가 견지해온 소극적 자유론을 넘어 자유에 적극적 의미를 부여하는 것이었다.

그린은 자유를 단지 간섭과 강제의 부재로만 소극적으로 규정해서는 안 된다고 주장한다. 그는 진정한 자유는 인간이 자신의 능력을 충분히 발휘할 때 가능하다고 보았다. 그리고 그러한 자유는 개인들이 각자 알아서 누려야 할 것이 아니라 공동으로 함께 누려야 한다는 것이다. "적극적 의미에서 자유는 모든 인간들이 평등하게 공동선에 공헌할 수 있도록 그들이 지니고 있는 능력과 힘을 해방시키는 것이다." "자유를 바르게 이해한다면 단순히 제약과 강요로부터 자유, 그리고 우리가 하고 싶은 것이 무엇인지 상관없이 우리가 하고 싶은 대로 하는 자유여서는 안 된다." "가치 있는 일을 우리가 남과 함께 공동으로 행하고 즐길 수 있는 적극적 힘이요 능력일 때 자유는 사회적으로 바람직한 것이다." 이러한 언명을 통해 그린은 당시 기득권층이 내세우던 당사자 간의 계약의 자유가 한 집단의 인간이 다른 집단의 인간의 자유를 희생시키면서 누리는 자유라고 신랄하게 비판한다.113

이렇듯 자유를 적극적인 의미로 규정하려는 시도는 그린이 처음 시작한 것은 아니었다. 주지하다시피 자유를 공동체 안에서의 자아의 실현으로 규정하는 적극적 자유론의 전통은 스피노자, 루소, 칸트, 헤겔로 면면히 이어져 왔다. 그린은 이러한 적극적 자유론을 철학적으로만 논의하지 않고, 그것에 근거해 당시 영국 사회의 병리적 상황에

---

the Development of Ethical Socialism (Exeter, Imprint Academic, 2003).

113 T. H . Green, "Liberal Legislation and Freedom of Contract", (1881); "On the Different Senses of Freedom Applied to the Will and to the Moral Progress of Man" (1879) in Lectures on the Principle of Political Obligation and Other Writings, eds. by P.Harris and J. Morrow (Cambridge, Cambridge University Press, 1999)

대한 현실적인 처방을 제시했다. 그것은 열악한 환경에 처해 있던 노동자와 같은 사회적 약자들이 그들이 지니고 있는 역량을 발휘해 시민단의 일원으로서 공동선을 구현할 수 있는 사회적 조건을 마련하기 위한 것이었다. 그리고 이를 위해 필요한 국가 개입을 정당화 하는 것이었다. 그것은 또한 당시 부르주아들이 추구하던 사적 영역의 확대보다는 날로 소침해지는 공적 영역의 활성화를 위한 이론적 토대를 쌓는 작업이었다.

주지하다시피 20세기에 들어와 참담한 전체주의의 폐해를 경험하고 나서 이러한 국가 개입-공공성 담론이 전체주의의 이론적 틀을 제공하는 것이라는 의심이 강력히 제기되었다. 특히 오늘날 소위 신자유주의(neo-liberalism)의 기틀을 닦은 아이제이아 벌린은 적극적 자유론이 바로 이성과 공동체라는 미명 아래 자행되는 전제와 억압을 위한 수사라고 비판했다. 그는 특히 그린을 직접 거명해 가면서 자신의 논지를 펼쳤다.114 과연 그의 말이 맞는 것일까? 본고는 우선 벌린의 적극적 자유론에 대한 비판을 검토하고, 다음으로 그린의 적극적 자유론을 구체적으로 분석하면서 벌린의 오류를 지적할 것이다. 그리고 오늘날 활발히 논의되고 있는 공화주의를 통해 그린의 적극적 자유론을 새롭게 조명해 보려고 한다.

---

114 Isaiah Berlin, *Four Essays on Liberty* (Oxford, Oxford University Press, 1969), pp.xlix,n, lxi, 133,n, 150. 그린에 대한 개별적 연구 가운데 벌린의 논지를 이어나가는 것으로는 다음을 참조. Melvin Richter, *The Politics of Conscience: T. H. Green and His Age* (London, Weidenfeld Nicolson, 1964).

2. 벌린의 적극적 자유론 비판[115]

벌린은 적극적 자유를 자기 자신의 주인이 되는 것으로 규정한다. 이때 자신은 이성에 복종하는 합리적 존재라는 명제가 전제된다. 자신이 비합리적 존재라면 자기 자신의 주인이 된다는 것은 아무런 의미도 없기 때문이다. 그것은 단지 비합리적인 욕망의 노예가 되는 것에 불과하기 때문이다. 이성적인 존재로서 자신의 진실 된 생각과 의도에 따라 행동하는 만큼 자유롭고 그렇지 못하면 못한 만큼 노예가 되는 것이다.[116] 즉 소극적 자유가 자신의 외부에 간섭과 방해가 존재하지 않는다는 것을 의미한다면, 적극적 자유는 자신의 내부에 이성적 존재로서 자신을 견지할 수 있는 능력이 존재하는 것을 의미한다. 적극적 자유는 비합리적인 것과 부도덕한 것을 행할 수 있는 자유를 원천적으로 배제하고 좋은 것을 바른 방식으로 행해야 된다는 목적론을 내재하고 있다면, 소극적 자유는 그러한 목적론을 배제하는 다원적 개방적 개념이다.

벌린은 이러한 적극적 자유론이 소극적 자유론과 본질적으로 어떻게 다른 것인지를 자코뱅들의 자유론과 그것을 반박한 벤담의 자유론을 예로 들면서 극명히 보여 주고 있다. 자코뱅들이 "그 누구도 악을 행할 자유가 없다. 악행을 저지르지 못하게 하는 것이 곧 자유롭게 하는 것이다."라고 주장했을 때, 벤담은 "악을 행할 수 있는 자유는 자유가 아니란 말인가? 아니라면 도대체 그것은 무엇이란 말인가? 우리는 악인과 백치들이 자유를 오용하기 때문에 그것을 유보해야 한다

---

115 이 부분은 본 논문의 전개를 위해 필요한 부분이기에 필자가 이미 발표한 논문 가운데 일부를 요약, 발췌해서 다시 실었음을 밝힌다. 조승래, 「소극적 자유론의 전통」, 『영국연구』 6, 2001, pp.49~51.

116 Berlin, *Liberty.*, p.131.

고 말하지 않는가?"라고 반박했다는 것이다.[117]

벌린이 각별히 문제 삼는 것은 합리주의 관념론 철학자들과 그들의 실천적 제자들이 말하는 참여를 통한 자아의 실현이라는 의미의 적극적 자유이다. 자유는 사회적 교육을 통해 공동체적 이성을 자신의 행위 규범으로 삼을 때, 그리하여 자신의 자아를 공동의 자아와 합치시킬 때, 비로소 가능하다는 스피노자, 루소, 헤겔, 마르크스 등과 자코뱅들, 그리고 현대의 좌파들의 자유론이 바로 그것이다. 쉽게 말하면, 어려운 수학 문제를 공식에 따라서 풀 때 그것이 우리를 부자유스럽게 하는 것이 아니라 오히려 자유롭게 해준다고 생각하고 그 공식을 모두 받아들여 문제를 풀자는 것이 적극적 자유론이다. 즉 적극적 자유는 이성에 의해 알아 낼 수 있는 지식을 받아 들여 이성적 존재로서 자아를 실현하고 그러한 존재들의 공동체를 수립하는 것이다. 이렇듯 적극적 자유론은 진정한 자유는 자아의 실현과 공동체에의 참여가 어우러질 때 가능하다고 보는 것이다.[118]

벌린은 그린의 자유론이 바로 이러한 적극적 자유론의 대표적인 예라고 지목한다. 그린은 적극적 자유를 이상적이고 진정한 자유라고 불렀는데, 그것은 바로 인간 사회의 모든 구성원이 자기 자신을 가장 좋은 사람으로 만들 수 있는 가장 강력한 힘이라는 것이다. 그는 그린의 이러한 적극적 자유론이 당시 노동자들이 처해 있던 열악한 상황을 개선하려는 선한 목적에서 나온 것임을 인정한다. 그러나 그린의 적극적 자유론은 개인적 자아가 사회적 공동 자아로 통합되어야 한다는 이원론적 오류에 빠져 있고, 그것은 곧 전제의 수사가 될 수 있다고

---

117 *Ibid.*, p.148.
118 *Ibid.*, pp.141~154.

비판한다. 그러면서 벌린은 자유는 외부의 간섭을 받지 않는 것이지 그 이상의 것이 아니라고 강조한다. 따라서 용어를 정확히 사용해야지 잘못 사용하면 아무리 그 목적이 좋은 것이라고 해도 이론적으로나 실제적으로나 해악을 끼치게 된다고 경고한다.[119]

이렇듯 벌린은 합리적 존재로서 인간이 자아를 실현하기 위해서는 그것을 사회적으로 확대시켜야 한다는 주장은 실로 위험천만한 발상이라고 역설한다. 그것은 폭정과 전제가 자신들의 억압을 정당화 할 때 이용하는 수사라는 것이다. 개인들의 소극적 자유는 진정한 자유가 아니라고, 또한 그것을 제한하거나 박탈하는 것이 모두가 좋은 사람이 되는 사회를 건설해야 한다는 대의를 실현하기 위해서는 문제되지 않는다고, 폭정과 전제는 주장해 왔다는 것이다.[120] 그는 인간이 추구할 수 있는 가치는 다원적이며 역사는 열려 있는 것이지 어떤 종국의 해결점을, 즉 완전한 사회를, 향해 가는 것도 가야만 하는 것도 아니라고 역설한다. 이를 무시하고 적극적 자유론은 이성적 공동체, 완전한 사회 안에서 자아실현이라는 미명 하에 자유를 평등, 형제애, 인민 주권과 같은 다른 개념과 구별하지 않음으로써 개인에 대한 통제와 억압을 정당화 시켜준다는 것이다.[121]

3. 그린의 적극적 자유론

1880년 글래드스턴 내각은 두 개의 개혁입법을 시도했다. 수렵법

---

119 *Ibid.*, p.xlix.n.

120 *Ibid.*, p.133.n.

121 *Ibid.*, pp.154-172.

(Ground Game Act)과 고용주책임법(Employers Liability Act)이 그것으로서, 각각 임차지 계약시 지주의 독점적 수렵권을 금지하고 산업재해의 책임이 고용주에게 있다는 명백한 증거가 없으면 고용주에게 그 책임을 물을 수 없다는 기존의 법을 폐기하는 것이었다. 이에 대해 보수당과 기득권층은 격렬히 반대했다. 개인 간의 자유로운 계약 행위에 대해 왜 국가가 간섭하느냐는 것이었다. 그것은 곧 개인의 자유 그 자체를 침해하는 것이요 노동자들의 자기의존을 약화시켜 그들을 비도덕적 존재로 만들뿐이라는 것이다. 이에 대해 그린은 즉각적으로 반박했다.

그는 노동자들이 처한 환경에 대한 국가의 개입이 개인적 자유를 침해하고 노동자들을 비도덕적 의존적 존재로 만든다는 기득권층의 비난이 얼마나 위선적이고 안목 없는 행위인지를 질타한다. 자유의 가치는 그것을 소유한 당사자들이 처해 있는 사회적 환경에 따라 다르다는 것을 왜 모르는가? 노동고용에서 계약의 자유가 존재한다고 한들 그 자유가 계약 쌍방에게 모두 평등하게 좋은 것일까를 왜 생각하지 않는가? 고용주들에게는 계약의 자유가 가장 값싼 임금을 줄 기회를 제공하지만 협상력이 부족한 노동자들에게 계약의 자유란 위장된 억압의 도구가 아닌가?[122]

그린은 이러한 자유당 개혁입법에 대한 반대는 인간은 자기 뜻대로 무엇인가를 할 수 있는 소위 생득적 권리를 가지고 있다는 주장에 근거했다고 보았다. 그리하여 반대론자들에게 개인적 자유는 '신성한' 것이었다. 그러나 그러한 수사는 현상을 유지하려는 기득권층의 이익을 보장 받기 위한 것에 지나지 않았다.[123] 그린은 인간에게 생득적 자연

---

[122] Green, "Liberal Legislation...", p.209.

[123] Green. "Liberal Legislation...". p.195

권 같은 것은 없다고 주장한다. 권리는 사회에서의 공동생활에서 나오는 것이지 자연적으로 이미 부여받은 것이 아니라는 것이다 즉 사회의 구성원으로서 공동의 이익과 목표를 서로 인정하면서 살 때만 권리를 부여받을 뿐이라는 것이다.[124] 따라서 사회적 요청과 이익에 반대하는 권리란 있을 수가 없다고 그린은 단언한다.[125] 그는 개혁의 반대자들이 그렇게 강조했던 재산권도 사회가 그것을 인정할 때만 가능한 것이라고 말한다. 그것은 사회 구성원 모두가 자유롭게 자신의 역량을 실현할 수 있는 수단이 될 때만 정당화될 수 있다는 것이다. 따라서 한 계급의 사회적 역량의 실현을 방해할 수 있는 또 다른 계급의 재산권이란 존재할 수 없다는 것이다.[126]

그는 이제 자유를 단순히 제약과 강제로부터의 자유로, 또한 우리가 하고 싶은 것이 무엇이든지 상관없이 하고 싶은 대로 하는 자유로, 이해해서는 안 된다고 주장한다. 자유란 가치가 있는 일을 남들과 함께 공동으로 구가할 수 있는 적극적 힘 혹은 능력이라고 규정될 때 비로소 사회적으로 바람직한 것이 된다는 것이다. 그는 이러한 자유를 누리는 것이 바로 우리의 시민적 삶의 진정한 목적이라고 강조한다. 따라서 아무런 제약도 없이 자신이 하고 싶은 것을 마음대로 하는 가장 고상한 야만인도 법이 지배하는 국가의 가장 비천한 시민보다 자유롭다고 할 수 없다는 것이다.[127] 그린은 이러한 자유를 진정한 자유라고 부르면서, 그것을 사회 구성원 모두가 똑같이 자기 자신을 가장 좋은 상태로 만들 수 있는 최고의 힘, 모든 인간을 공동선에 똑같이 공헌할 수 있도록

---

124 Green, *Lectures on the Principles of Political Obligation* (1886), sects. 25, 31, 113, 139,
125 *Ibid.*, sect. 148.
126 Green, "Liberal Legislation", p.200.
127 *Ibid.*, p.199.

해방하는 힘이라고 규정했다. 그러면서 누구도 이러한 사회적 목적에 반하는 일을 할 수 있는 권리를 가지고 있지 않다고 단언한다. 개혁의 반대자들이 금과옥조처럼 여기는 계약의 자유도 이러한 사회적 목적을 실현할 수 있는 수단일 때만 가치가 있을 뿐이라는 것이다. 이렇게 볼 때 노예제의 기반 위에 세워진 고대 공화국들 안에서 구가되던 자유는 진정한 자유가 아니라고 그는 단언한다. 그것은 한 계급이 다른 계급을 착취하면서 얻어진 것이기 때문이다.[128]

그렇다고 해서 그가 자유를 제약과 간섭의 부재로 규정하는 소극적 자유를 완전히 부정한 것은 아니다. 그는 자신보다 한 세대 전의 개혁 세력은 계급적 특권에 맞서 개인적 자유라는 이름 아래 투쟁했고 그 반대 세력은 그들에 맞서 개인적 자유를 운운할 수 없었다고 인정한다. 그러나 이제 상황이 바뀌어 개인적 자유라는 기치 아래 계급적 이익을 추구하는 세력이 사회적 선을 추구하는 세력의 개혁에 맞서고 있다는 것이다. 1868년 이후 좀 더 민주적으로 구성된 의회가 제정한 공장법, 교육법은 이제 더 이상 개인적 자유의 확보가 정치사회적 목표가 아니라는 것을 말해 준다. 그것은 오히려 노동자들과 어린이들을 위해 국가가 개인적 자유에 간섭할 수 있다는 원칙을 수립한 것이다.[129] 따라서 자유에 대한 개념 규정도 새로워져야 한다는 것이 그린의 지론이었다. 그는 소극적 자유로서 개인적 자유는 인간의 도덕적 발전 과정에서 나타나는 '초보적 자유'라고 규정한다. 그리고 그것은 진정한 자유를 실현할 수 있는 수단으로서만 가치가 있다는 것이다. 그는 타인의 간섭을 받지 않는 인간은 그 초보적 자유를 수단으로 해서 자유가 자신

---

128 *Ibid.*, p.200.
129 *Ibid.*, pp.196~198

이 스스로 부과한 도덕적 의무를 실현하는 것임을 마침내 알게 된다고 주장한다. 즉 인간은 도덕적 존재로서 자유를 소극적 자유로 인식하는 데 머물지 않고 그것이 적극적 자유로 진보해 가야함을 안다는 것이다.[130]

그리하여 공동선을 위해 자신의 소극적 자유를 양보하는 것이 진정한 자유의 첫걸음이라고 그린은 주장한다.[131] 그린은 충분히 이를 알 수 있는 지적 능력이 있음에도 이를 외면하는 영국 기득권층의 행태를 개탄했다. 개혁 입법은 자신의 자유를 충분히 실현 할 수 없는 사회적 조건 아래서 고생하는 노동자들에게 그 기회를 주기 위한 것이었다. 착취를 통한 지배 하에서는 자유가 불가능하기 때문이다. 개인이 자신의 이익을 증대하기 위해 타인을 수단으로 삼아 착취할 수 있는 자유란 있을 수 없다. 왜냐하면 인간의 자기실현으로서 자유는 내면의 도덕적 명령에 따르는 것인데, 그 명령은 인간을 수단이 아니라 목적으로 간주하라는 것이기 때문이다. 인간 사회에서는 모든 인간이 모든 인간에게 상호 호혜적 요구를 할 수 있어야 한다. 그리하여 국가는 그 구성원의 권리를 그 누구도 다른 이의 희생을 통해 이익을 얻어서는 안 되는 방식으로 보장할 때 비로소 국가라고 할 수 있다고 그는 단언한다.[132] 이는 그린이 국가를 구성원들의 평등한 권리의 유지를 위한 기구로 보았으며 그것을 통해 평등자들의 사회를 실현할 수 있다고 믿었다는 것을 말해준다. 이는 그가 노동자들을 위한 선거권 확대에서 그 어떤

---

130 Green, "On the Different Senses of Freedom Applied to the Will and to the Moral Progress of Man" (1879) in *Lectures on the Principle of Political Obligation and Other Writings*, eds. by P.Harris and J. Morrow (Cambridge, Cambridge University Press, 1999),

131 Green, "Liberal Legislation", p.199.

132 Green, *Political Obligation* (1886) sect.132.

지식인들보다 급진적인 태도를 취한 것에서 알 수 있다.[133]

4. 벌린 해석의 오류

그렇다면 그린의 이러한 적극적 자유론이 벌린의 주장대로 전체주의적인 것일까? 즉 그린은 이성의 소유자들이 욕망에 찌든 자들을 강제로 바른 길로 인도하는 것을 자유라고 보았을까? 그렇지 않다. 그는 그 누구도 다른 인간을 좋은 인간으로 만들 수는 없다고 말한다. 각자가 자신의 인격을 만들어 갈 뿐이다. 인간이 할 수 있는 최선의 길이란 서로 당면한 방해물을 제거해 주고 유리한 환경을 조성해 주는 것뿐이다.[134] 인간은 자신의 욕망대로 하는 것보다 이성에 따라 공동선을 성취해 나가는 것이 더 좋은 일이라는 것을 알고 있기 때문이다. 따라서 국가도 시민들의 도덕적 선을 직접적으로 증진시킬 수는 없다고 그린은 단언한다.[135] 도덕적 선의 본질이 누가 시켜서 하는 것이 아니기 때문이다. 국가가 할 수 있는 일은 그것이 없으면 인간 능력의 자유로운 실천이 불가능한 어떤 조건들을 만들어주는 것일 뿐이다.[136] 그는 개인의 도덕적 기질의 발전을 점검하려고 한다거나, 자기 의존 능력과 인간적 양심과 도덕적 존엄성 형성에 간섭하려고 하는 '가부장적 정부'는 의무의 자기 부과와 사심 없는 동기의 발현을 위한 여지를 좁힘으로

133 Colin Tyler, "T.H.Green, Advanced Liberalism and the Reform Question 1865-1876" *History of European Ideas* 29 (2003), pp.437~458.

134 Green, *Prolegomena to Ethics* (1883), sect.323.

135 Green, "Liberal Legislation", p.202; *Political Obligation*, sects.204-206.

136 *Ibid.*, p.206.

써 도덕성 자체를 불가능하게 할 뿐이라고 분명히 말한다.[137]

국가가 입법을 통해 소위 계약의 자유를 제한하는 것은 바로 노동자들이 자신의 능력을 발휘할 수 있는 조건을 만들어 주는 것이라고 그는 주장한다.[138] 이렇듯 그린은 인간의 자아실현은 개인의 노력을 통해 이루어지지 타인이 그렇게 해 줄 수 있는 것은 아니며 단지 자아실현의 방해물을 제거하는 일을 서로 도와줄 수 있을 뿐이라고 강조한다.[139] 그는 인간이 실현해야 할 진정한 자아가 무엇인지는, 다른 말로 하면 인간이 궁극적으로 성취해야 할 목적이 무엇인지는, 신만이 알고 있기 때문에, 그 누구도 그 어떤 단체도 그것에 대한 완벽한 지식을 가질 수 없다고 말한다. 그런데 어떻게 타인이 혹은 국가가 그것을 지도하고 교육할 수 있다는 말인가? 그것은 개인들이 부단히 노력해 나가야 하는 것일 뿐이다.[140]

이렇게 볼 때 그린에게서는 벌린이 말하는 욕망을 따르는 (개인적) 자아와 이성을 추구하는 (사회적 공동) 자아라는 소위 이원론적 오류가 발견되지 않는다. 자아는 개인이 지니고 있는 것으로서 하나인데 그것이 원하는 것에 따라 고차원의 자아도 될 수 있고 저차원의 자아도 될 수 있다는 것이다. 즉 하나의 자아가 두 가지 상태로 될 수 있다는 것이지 원래부터 두 가지 자아가 따로 존재한다는 것이 아니다.[141] 그리고 앞서 말했듯이 인간은 도덕적 존재로서 자신이 원하는 대로 하고 싶어 하는 자아에서 자연스럽게 좋은 일을 해야 한다는 것을 원하는

---

137 Green, *Political Obligation*, sects. 17~18.

138 Green, "Liberal Legislation...", p.201.

139 Green, *Prolegomena*, sect. 332.

140 Green, "On the Different Senses of Freedom,...", sects.21~23.

141 *Ibid.*, sect. 19~20; *Prolegomena*, sects. 264, 266.

자아로 자연스럽게 변화할 수 있다는 것이다. 그리하여 그린은 앞서 말했듯이 인간의 자유는 자신이 만든 법의 보장을 받아 자신이 원하는 것을 하는 초보적 자유를 바탕으로 해서 좋은 일을 할 수 있는 진정한 자유로 옮겨 갈 수 있다고 보았다.

그는 진정한 자유를 성 바오로의 표현을 빌려 '속사람'의 자유라고 표현했다. 그것은 단지 법이 보장하는 것을 '즐기는' 자유에서 그치지 않고 '자연적 충동'과 '살'의 노예에서 벗어난 상태로 옮겨 간 자유라는 것이다.[142] 그렇다고 해서 그린이 모든 개인들이 내재해 있는 도덕적 능력을 완전히 실현할 수 있다고 본 것은 아니다. 인간의 자아실현은 사회의 구성원으로서 각자의 부분적 자아실현들이 모여 사회에서의 전체적 자아실현으로 나타난다는 것이다.[143] 즉 이 말은 그린이 사회 구성원으로서 집단적으로 동일한 자아실현이 가능하다고 보지 않았음을 의미한다.[144] 그린은 분명 인간의 자아실현은 서로를 수단으로 생각하지 않고 착취하지 않는다는 원리 안에서 각기 다른 방식으로 성취할 수 있다고 보았다. 그는 결코 모든 인간들이 한 가지 방식의 삶을 통해 자아를 실현해야 한다고 보지 않았다.[145] 따라서 그린의 정치사상이 인간의 다원성을 부정하고 일원론적 교리를 추구한 것이라고 보는 벌린의 주장은 납득할 수 없다. 더군다나 한 발 더 나가 그린의 적극적 자유론에서 스탈린주의와 파시즘을 예견할 수 있다는 것은[146] 어불성

---

142 Green, "On the Different Senses of Freedom,...", sect. 22.

143 Green, *Prolegomena*, sects. 183, 191, 256, 273, 286.

144 Peter P. Nicholson, *The Political Philosophy of the British Idealists, Selected Essays* (Cambridge, 1990), p.126.

145 Green, *Prolegomena*, sects. 191, 283.

146 Richard Norman, *Free and Equal, A Philosophical Examination of Political Values* (Oxford, Oxford University Press, 1987), p.34; Melvin Richter, *The Politics of Conscience: T. H.*

설이다.

여기서 벌린이 그린과 마찬가지로 위험한 인물로 거론한 스피노자의 적극적 자유론을 잠시 살펴보면 벌린의 해석이 틀렸음을 재차 확인할 수 있다. 스피노자도 그린과 마찬가지로 인간은 이성적일 때, 즉 욕망과 감정을 억제할 때, 진정 자유로우며 그러한 자유는 공동의 결정에 따라 생활하는 국가 안에서 실현된다고 주장한다.[147] 앞서 보았듯이 벌린에 의하면 적극적 자유는 비이성적인, 즉 욕망과 감정에 종속되어 있는, 인간들을 교육시킬 것을 정치공동체에 요구한다. 즉 정치는 곧 교육인 것이다. 그러나 스피노자는 그린과 마찬가지로 인간은 이미 자연적 존재로서 이성적인 존재가 될 수 있는 능력을 본성 안에 지니고 있다고 주장한다. 그는 그린과 마찬가지로 결코 벌린이 주장하는 것처럼 우둔한 민중을 교도해 강제로라도 자유롭게 해 주어야 한다고 생각하지 않았다. 그는 단언한다. "그 누구도 현명해지도록 명령 받을 수 없다."[148] 그렇기 때문에 인간에게는 인간을 교육시키려는 권위주의적이고 전제적인 국가가 아니라 인간의 독립된 판단 행위를 보장하는 자유롭고 민주적인 정치 공동체가 요청된다는 것이 스피노자의 지론이었다.[149] 이렇게 볼 때 적극적 자유론이 자동적으로 전제와 폭정 혹은 전체주의로 이어질 수 있다는 벌린 식의 주장은 설득력을 잃는다.

벌린의 적극적 자유론에 대한 비판은 그의 반-합리주의 철학에 근거한 것이었다. 그는 근대 합리주의는 인간의 자아를 욕망에 의해 인도되는 저차원의 경험적 자아와 이성에 의해 인도되는 고차원의 합리적

Green and His Age, pp.204-205.

147 Baruch Spinoza, *Ethica* (1677), Part IV, App. 2; *Tractatus Politicus* (1677), sect.II.

148 Baruch Spinoza, *Tractatus Theologico-Politicus*. (1670), XIII.

149 *Ibid.*, ⅩⅦ: 拙著, 『공화국을 위하여』, 길, 2010, pp.183~187 참조.

자아로 나누고 후자가 전자를 지배해야 한다고 보는 사상이라고 규정한다. 그리하여 그것은 인간의 사고와 행위는 이성이라는 최고 유일의 가치에 통합될 때만 그 가치를 인정받을 수 있다고 보는 일원론적 세계관을 인간들에게 강요한다는 것이다. 그리고 그것을 공동체적 원리로서 수립해야 하며 모든 개인은 거기에 따를 때 비로소 진정 자유롭다고 주장한다는 것이다. 물론 그린이나 스피노자와 같은 합리주의자들은 이성적 삶을 강조한다. 그렇다고 해서 벌린의 주장처럼 그것이 앞서 본 것처럼 이성에 의한 지도와 강요는 아니었다. 이 점은 그린이 당시 심각하게 제기되었던 음주 문제에 대해 어떤 입장이었던가를 검토하면 더욱 분명해 진다.

그린은 당시 노동자들의 삶에 깊게 침투해 있는 과음 행위를 이성을 마비시켜 자유를 침해하는 행위로 간주했다. 그는 음주는 영국에 존재하는 '가장 강력한 자유의 방해물'이라고 주장했다.[150] 그것은 사회적 선을 성취하기 위해 인간의 능력을 발휘하는 것이 진정한 자유라는 그의 원리에 어긋나는 행위였다. 따라서 그는 주류 유통을 제한하는 입법에 적극적으로 찬성했다.[151] 그린은 1872년부터 자유당과 그 지도부와는 달리 음주 문제에 강력한 국가개입을 주장했다. 이러한 그의 주장은 술을 사고 팔 수 있는 자유를 제한하겠다는 것으로서 자유주의 원칙에서 벗어난 것으로서 받아들여졌다. 글래드스턴이나 브라이트 같은 자유당 지도부들도 그린의 이러한 생각을 반박하거나 무시했다. 밀도 일찍부터 음주 문제는 개인의 사적 영역에 관한 일이기 때문에 사회가 여기에 간섭해서는 안 된다는 입장을 개진했다.[152] 그렇다면

---

150 Green, "Speech to the Banbury Permissive Bill and Electoral Association", *Alliance News*, 5 February 1881, p.93.
151 Green, "Liberal Legislation...". pp.210.

과연 그린의 주장은 '자유롭도록 강요할 수 있다'는 전체주의적이고 권위주의적인 것일까? 절대로 그렇지 않다.

그가 말하고 싶었던 것은 "술을 일체 마시지 말라, 그래야 이성적이고 자유로운 존재가 된다. 따라서 국가는 이를 입법화해야 한다."는 것이 아니었다. 그린은 개인적으로 술을 입에 대지도 않는 사람이 아니었다. 그는 옥스퍼드대학교 절주협회, 옥스퍼드 절주협회 등 절주 관련단체에서 적극적으로 활동했지만, 그러한 단체들도 엄격한 금주를 요구하지는 않았다. 그가 말하고 싶었던 것은 당시 노동계급의 음주문제가 너무나 심각해 이미 개인적 사적 문제를 넘어 사회적 문제가 되었기 때문에, 그리고 그 폐해를 줄이는 문제는 개인의 도덕적 향상을 통해 점진적으로 해결하기에는 너무나 시급한 것이어서, 국가가 어떤 형식으로든 관여해야 한다는 것이었다.[153] 그는 빈곤한 노동계급의 정치적 사기와 풍기가 음주에 의해 훼손당할 수 있다고 믿었기 때문에 단지 주류 유통에 일정한 제한을 두어야 한다고 주장했을 뿐이다.[154] 즉 그린은 앞서 보았듯이 국가나 사회가 할 수 있는 것은 인간을 강제로라도 선한 이성적 존재로 만들어 주는 것이 아니라 그 방해물들을 제거해 그렇게 될 수 있는 조건을 마련해 주는 것일 뿐이라고 누누이 강조한다.

152 J.S. Mill, *On Liberty* (1859), chapter IV.

153 Green, "Liberal Legislation...". p.211.

154 Peter P. Nicholson, "T.H.Green and State Action: Liquor Legislation", *History of Political Thought*, vol. VI, no. 3 (1985), pp.519-550.

5. 그린과 공화주의

그린의 이러한 주장은 분명 자유주의와는 거리가 있다. 벌린은 그린을 선의를 품은 자유주의자로 규정하면서도 그의 적극적 자유론이 잘못된 주장이라고 단정한다. 이것은 논리에 맞지 않는다. 어떻게 자유주의자가 자유주의의 자유론과는 다른 자유를 설파할 수 있다는 말인가? 벌린의 이러한 모순은 영국 지성인들이 그린의 개혁 사상에 대해 품고 있는 일반적인 존경심을 부정하지는 않으면서 한편으로는 그것이 품고 있는 다분히 의심스러운 면모를 폭로하려는 그의 반좌파적 이데올로기적 의도에서 나온 것이다. 20세기 초중반의 전체주의의 악몽을 경험한 세대로서 거기에 맞서 개인적 자유를 사수해야 한다는 벌린의 선의는 충분히 이해할 수 있다. 그러나 벌린의 행태가 보여 주듯 그것이 자본주의 세계의 자유주의 헤게모니를 강화하려는 시도로 이어지는 것은 충분히 비판의 대상이 될 수 있다. 주지하다시피 자유주의 헤게모니에 대한 도전으로 나타난 공화주의에 대한 논의가 1970년대 후반에서 오늘날까지 활발히 진행되고 있다. 그린의 사상은 분명 자유주의 보다는 이러한 공화주의에 더 가깝다.[155]

---

155 공화주의와 자유주의의 차별성을 강조하는 대신 양자의 양립가능성을 모색하면서 그린의 정치사상을 해석하려는 시도에 대해서는 다음을 참조. E.F. Biagini, "Neo-Roman Liberalism: "Republican" Values and British Liberalism, ca.1860-1875", *History of European Ideas*, 29 (2003), pp.55-72. 그러나 공화주의라는 용어가 하나의 사상적 범주를 지칭하게 된 것은 20세기 말이었기 때문에 그린의 시대에는 개혁적 사상은 자유주의라는 용어를 빌려 전개되었고 그 결과 '신자유주의'라는 용어가 나타났다는 점을 유의해야 한다. 즉 그린이 공화주의라는 용어를 사용하지 않았다고 해서 그의 정치사상이 자유주의에 머물렀다고 볼 수는 없다. 이와 비슷한 맥락에서 오늘날 정치철학자들 사이에서 회자되고 있는 자유주의 대 공동체주의의 논쟁을 그린의 정치사상에 대한 검토를 통해 비판한 연구들도 있다. 권리가 우선인가 공동선이 우선인가를 따지는 이 논쟁에 대해 그린이 이미 권리와 공동선은 동시에 추구될 수 있음을 밝혔다는 것이다. 이에 대해서는 다음을

오늘날의 논의를 정리하면, 자유주의가 개인의 생득적 권리에 입각해 개인의 사적 영역의 확보를 목표로 한다면, 공화주의는 시민적 덕에 기초해 참여를 통한 공적 영역의 활성화를 추구한다. 따라서 두 이념은 자유를 서로 다르게 규정한다. 자유주의는 외부의 간섭과 강요의 부재를 자유라고 보는 소극적 자유론을 견지하는 반면, 공화주의는 이에 대해 자아실현이라는 의미의 적극적 자유론과 혹은 자의적 '지배의 부재'(non-domination)를 자유라고 보는 '신-로마적'(neo-Roman) 자유론으로 맞선다.[156] 여기서 지배의 부재로서 자유란 간섭 받지 않는다고 해서 자유롭지 않으며 간섭 받는다고 해서 자유롭지 않다고 할 수 없다는 뜻을 내포하고 있다. 예를 들어 인자한 주인을 둔 노예나 자비로운 전제 군주 하의 신민들은 간섭을 받지는 않지만 노예 혹은 신민이라는 지위 그 자체 때문에 자유롭지 못하다. 왜냐하면 주인이나 전제 군주가 언제 지배자의 본색을 드러낼지 모르기 때문에 노예나 신민들은 늘 자신의 언행이 그들의 비위를 거스르는 것은 아닌지 자체적으로 검열을 하기 때문이다. 즉 타인의 선의나 자비에 의존해서는 자유를 누릴 수 없다는 것이다. 또한 민주적으로 제정되고 실행되는 법에 의해 간섭 받는다고 해서 자유롭지 않은 것은 아니다. 왜냐하면 그러한 법의 명령은 자신이 자신에게 부여한 명령이기 때문이다.[157]

참조. Rex Martin, "T.H. Green on Individual Rights and the Common Good", in Avital Simhony and D. Weinstein, eds. *The New Liberalism, Reconciling Liberty and Community* (Cambridge, Cambridge University Press, 2001), pp.49~68; Avital Simhony, "T.H. Green's Complex Common Good: Between Liberalism and Communitarianism", in *Ibid.*, pp.69~91. 그러나 그린은 분명 권리를 자유주의 식으로 개인의 생득적 자연권으로 인식하지 않고 공동체의 구성원들이 공동선을 함께 추구하는 과정에서 상호인정해 준 것 뿐이라고 인식하고 있다는 사실을 상기해야 한다.

156 拙著, 『공화국을 위하여』, 2010, 2장, 3장.

157 Quentin Skinner, *Liberty before Liberalism* (Cambridge, 1998),拙譯, 『자유주의 이전의

이러한 공화주의에 대한 역사적 이론적 논의는 공동체의 공익과 공동선에는 무관심하고 시장에서의 사적 이익의 경쟁적 추구만을 부추기는 자본주의-자유주의 헤게모니에 대한 지적 도전의 일환으로 나타났다. 따라서 공화주의는 사회 민주주의적 기획의 하나가 될 수 있다.[158] 이러한 관점에서 그린은 벌린 식의 왜곡을 극복하고 새롭게 조명될 수 있을 것이다. 그린은 분명히 공화주의적 덕/참여와 자유의 관념을 중심으로 그의 사상을 전개하고 있다. 앞서 보았듯이 그린은 분명 인간이 사회에서 누릴 수 있는 권리는 생득적 자연권에서 유래한 것으로 보지 않는다. 그것은 공동체의 구성원들 간의 상호 인정에서 온다는 것이다. 따라서 그는 자유주의의 원자론적 개인주의를 거부한다. 인간은 사회의 구성원으로서만 존재한다는 것이다. 그린은 "사회 없이, 개인이 존재할 수 없다."고 단언한다.[159] 그리하여 국가의 개입을 자유의 침해라고 하는 측에 그린이 하고 싶었던 말은 자유는 개인의 사적 문제가 아니라는 것이었다. 자유는 정의와 평등이라는 사회적 원리들과 별개로 논의될 수 없다는 것이었다. 즉 남보다 더 큰 자유를 원하는 것은 도덕적 존재로서 인간이 취해야 할 태도가 아니라는 것이다. 인간들이 자기실현의 역량을 발휘해 인격적 개인으로 사는 것은 단지 다른 인간들과 상호교류를 통해서만 가능한 것이기 때문이다.[160]

자유』(푸른역사, 2007); Philip Pettit, *Republicanism, A Theory of Freedom and Government* (Oxford, 1997)

158 한 예로 지난 2004년 집권에 성공한 에스파냐 사회노동당은 공화주의를 정책 평가의 준거로 삼았다. 이에 대해서는 다음을 참조. José Luis Marti and Philip Pettit, *A Political Philosophy in Public Life, Civic Republicanism in Zapatero's Spain* (Princeton, Princeton University Press, 2010)

159 Green, *Prolegomena*, sect.288.

160 *Ibid.*, sect. 183.

그린은 하나의 연대로서 그 안에서 다른 구성원들의 요구가 자신의 요구처럼 받아들여지는 사회가 좋은 사회이며 그런 사회에서만 인간은 자기를 실현할 수 있다고 주장한다.[161] 이런 사회를 만들기 위해 그린은 시민정신을 발휘할 것을 요구한다. 그것은 바로 국가에 대한 봉사로서 사적 개인으로 살아가는 것이 아니라 국가의 구성원으로서 참여하고 행동하는 것을 말한다.[162] 그는 인간을 '폴리스적 동물'이라고 규정한 아리스토텔레스의 원리를 받아들인다. 아리스토텔레스는 국가를 그 생명이 그것을 유지하기 위해 그 구성원들이 행하는 바에 의해 유지되는 사회라고 규정했다는 것이다.[163] 그리하여 그는 고대 그리스인들이 처음으로 시민적 덕을 실천하는 삶이 좋은 삶이라는 것을 알고 있었다고 찬양한다.[164]

그린은 국가와 개인과의 관계를 단지 국가로부터 개인의 인신과 재산의 권리를 수동적으로 보호 받는 것으로만 설정해서는 안 된다고 주장한다. 그는 인간은 시민으로서 직접적으로든 간접적으로든 공적인 일에 적극적으로 참여하고 투표를 통해 국가적 지역적 의회의 의원들을 선출함으로써 자신들이 지켜야 하는 법을 만들고 유지하는 일에 자신의 몫을 다 해야 한다고 역설한다. 그는 로마 제국의 사례를 들며 다음과 같이 말한다.

"로마제국의 시민들은 충성스러운 신민들이었다. 그들의 사적 권리들을 훌륭하게 보장받았기 때문이다. 그러나 그들은 지적인 애국자들은

---

161 *Ibid.*, sect. 283.
162 *Ibid.*, sect. 263.
163 Green, *Political Obligation*, sect.38.
164 Green, *Prolegomena*, sect.248.

아니었다. 국가의 일에 적극적 관심을 가질 때 좀 더 좋은 의미의 애국심이 형성되는데 그들은 그렇지 못했다. 국가와 개인 간의 관계가 단지 국가는 개인들의 인신과 재산에 대한 권리 행사를 보호해 주고 개인들은 그것을 피동적으로 받아들이는 관계에 그쳤기 때문이다. …정치적 의무에 대한 좀 더 고결한 감정은 국가의 일에 참여할 때에만 느낄 수 있다. 즉, 자신들이 준수해야 하는 법들을 만들고 유지하는 데 직접적으로 혹은 간접적으로 자기 몫을 행사해야만 고결한 애국심이 발휘되는 것이다. 그리고 그때 비로소 시민들은 자신들의 이익을 전체에 이양하는 법을 배우게 된다. 그렇지 않으면 자신들의 특수한 일에만 몰두해 국가 전체적인 일이 아닌 자신들과 이웃들의 사적 권리만을 유지하는 부분적인 일에만 관심을 가질 뿐이다."[165]

그린의 자유론은 바로 이러한 정치 공동체론에 바탕을 둔 것이었다. 자유주의 자유론이 개인이 생득적 자연권에 입각해 어떻게 그 어떤 외부의 힘과 권위로부터도 침해 받을 수 없는 사적 영역을 확보할 수 있을까를 추구한 것과는 번지수가 다른 것이다.[166] 자유주의 자유론은 자유를 단지 외부의 간섭과 방해 혹은 제약과 강요의 부재로만 소극적으로 규정한다. 지성사적으로 볼 때 그것은 홉스의 반혁명 담론에서 출발했다. 홉스는 영국 혁명 당시 의회파의 자유론이 오로지 지배할 때만 자유롭다는 아리스토텔레스-키케로의 고전적 민중 민주 국가론에서 연유한 것이라고 지적하면서 그것은 다시 자연 상태로 돌아가겠다는 것에 불과한 헛소리라고 비판했다. 자유는 단지 간섭과 방해의

---

165 Green, *Political Obligation*, sect.122.
166 이하 자유주의 자유론과 공화주의 자유론의 차이에 대해서는 다음을 참조. 拙著, 『공화국을 위하여』, 2장, 3장 ; 拙稿, 「소극적 자유론의 전통」, 『영국연구』 6, 2001, pp.45~64.

부재일 뿐 그 이상 그 이하도 아니라는 것이다. 그리고 그러한 자유는 국가 체제의 성격에 관계없이 어디서나 법이 침묵하는 한도 내에서만 누릴 수 있는 것으로 매한가지라는 것이다. 이러한 주장은 미국 혁명과 프랑스혁명 당시 혁명을 지지하던 영국의 급진파를 매도했던 벤담이 그대로 이어받았다. 벤담은 혁명을 일으켜 수립된 민주 정부가 오히려 법을 더 많이 제정해 자유를 더 많이 제약하고 있다고 비난했다.

이에 대해 공화주의 자유론은 인간의 자유는 '비-지배'의 원칙이 수립된 자유 공동체 안에서만 가능하고 이를 위해 공동체의 공동의 일과 입법 행위에 적극적으로 참여해야 한다고 주장한다. 또한 이러한 참여를 통해 제정된 법은 인간의 자유를 제약하는 것이 아니라 반대로 자유를 더 안전하게 해 준다는 것이다. 그린도 민주적으로 제정된 법은 결코 인간의 자유를 제약하는 것이 아니라고 단언한다. 그것은 반대로 자유의 강력한 우군이라는 것이다.[167] 또한 그는 지주와 임차농과의 관계를 예로 들면서 강자의 선의와 명예에 의존해서는 결코 자유로울 수 없다고 주장한다.[168] 따라서 진정한 자유는 서로가 서로를 지배하려고 하지 않는, 서로가 서로를 수단이 아니라 목적으로 인정해 주는, 공동선이 실현되는 공동체 안에서만 가능하다는 것이 그린의 지론이었다. 이것은 자유는 정치 공동체의 성격에 관계없이 누릴 수 있는 것이라는 자유주의 자유론과는 분명 다른 것이다. 반대로 자유는 서로가 굻리지 않는 평등한 구성원으로 구성된 정치 공동체 안에서만 가능하다는 공화주의 자유론과 궤를 같이 하는 것이다.

---

167 Green, "Liberal Legislation...", p.203.
168 *Ibid.*, p.207.

6. 맺음말

최근 우리 사회에서 일어난 놀랄 만한 일 가운데 하나는 미국의 공화주의 철학자인 마이클 샌델의 『정의론』이 백만 부 넘게 팔렸다는 사실이다. 그 이유를 찾는다면, 여러 가지 이유가 있겠지만, 분명하게 말 할 수 있는 것은 우리 사회가 그 만큼 정의에 민감해졌기 때문이라고 할 수 있을 것이다. 무한 경쟁 시장 논리에 내몰리고 양극화의 위험 속에서 살아가는 사람들은 사회의 병리적 현상을 근원적으로 치유할 수 있는, 자유주의 헤게모니에서 벗어날 수 있게 해 주는, 사상과 이념에 목말라 하고 있는 것이다. 샌델은 '정의와 공동선'이라는 제목을 단 그 책의 결론부에서 그린의 언명을 거의 반복하고 있다. 그는 구성원 간의 상호 존중에 기초해 공동선을 추구하는 정치가 우리의 시민적 삶의 재건을 통해 가능하다고 역설한다.[169]

산업혁명의 와중에서 혹독한 양극화를 체험한 그린의 세대도 인간들을 묶어 동료 시민으로 만들고 그것을 통해 개인의 취약성과 불확실성을 넘어서게 해주는 윤리적 연대 의식을 절실히 필요로 했다.[170] 그린은 이에 부응했다. 그린은 실천적 지식인으로서 자기 앞에 놓인 현실을 외면하지 않았다. 그는 많은 사람들이 인간다운 삶을 꾸려나갈 희망도 기약도 없이 허덕이고 있는 상황을 앞에 두고 어찌 문학을 칭송하고 지식을 논할 수 있겠느냐고 개탄한다.[171] 앞서 보았듯이 그는 사회를

---

169 Michael J. Sandel, *Justice, What's the Right Thing to Do?* (London, Penguin, 2010), chapter. 10.

170 Sandra Den Otter, "'Thinking in Communities': Late Nineteenth-Century Liberals, Idealists and the Retrieval of Community", *Parliamentary History*, 16, 1. (1997), pp.67~84.

171 Green, *Prolegomena*, sect.270.

단순히 사적 이익과 취향을 각자 알아서 추구하는 개인들의 집합체로 보지 않았다. 사회는 서로를 수단으로 여기지 않고 목적으로 대하는 평등한 구성원들이 참여와 연대를 통해 공동선을 추구해야 하는 공동체라는 것이다. 그리고 이러한 공동체 안에서만 '비-지배'의 원리가 수립되어 인간들은 자유 시민이 될 수 있다는 것이다. 이렇듯 그는 사회와 그 안에서 인간이 누려야 하는 자유를 자유주의와는 분명히 다른 방식으로 좀 더 민주적으로 규정하고 있다. 이렇게 볼 때, 그린의 적극적 자유론을 새롭게 조명하는 일은 오늘날 피폐한 사회 현실을 만들어 낸 소위 '신자유주의' 헤게모니를 극복하기 위한 이론적 모색으로서 충분히 가치 있는 일이라고 아니 할 수 없다.

한나 아렌트: 폴리스 정신의 회복

제5장
한나 아렌트: 폴리스 정신의 회복

1. 머리말

공적인 것과 사적인 것의 엄격한 구분은 오늘날 소위 문명사회의
철칙이 되었다고 해도 과언이 아니다. 공적인 일을 사적인 이해관계에
따라 하면 안 되고, 사적인 일이라면 그 어떤 사적 공적 권위도 간섭하면
안 된다. 여기서 앞의 명제는 전 근대적 전통 사회에서도 발견할 수
있지만, 뒤의 명제는 특별히 근대 사회에 들어와 굳혀졌다. 주지하다시
피 오늘날 서구 시민사회의 정전으로 자리 잡고 있는 존 스튜어트 밀의
『자유론』의 핵심 논지가 바로 그것이다.[172] 개인의 사적인 행위와 신조
는 그것이 타인에게 해를 끼치지 않는 한 그 어떤 명목으로도 간섭
받아서는 안 된다는 것이다. 비록 그러한 간섭이 그 개인을 좀 더 행복하
게 해 주고 좀 더 바르고 현명하게 해 줄 수 있는 것이라 해도, 그것이

---

[172] J.S. Mill, *On Liberty* (1859), chap.4.

정당화될 수는 없다는 것이다. 밀의 이러한 주장은 바로 자유주의의 공사구분을 정형화시킨 것이었다. 개인의 사적인 추구인 경제 활동, 가정생활, 종교 활동은 국가나 사회의 공적 행위에 의해 간섭받아서는 안 된다는 것이다. 이러한 자유주의의 공사구분의 원리는 단적으로 정치 행위의 과잉을 방지하기 위한 것이었다. 즉 개인의 사적 권리를 강조함으로써 국가나 사회의 공적 간섭을 최소화하기 위한 것이었다. 그리고 이것은 국가를 인간 활동의 중요한 분야에서 중립적 위치를 지키게 함으로써 개인들의 다양한 사적 추구를 보장하기 위한 것이었다.

이러한 자유주의적 공사구분 원리는 곧 비판의 대상이 되었다. 헤겔은 개인의 자유와 주체성은 인간이 사적 영역을 넘어 윤리적 공동체라는 공적 영역에 들어설 때 비로써 실현된다고 주장했다. 마르크스도 자본주의 체제 아래에서 작동되는 자유주의적 공사구분의 원리는 계급적 불평등을 감추기 위한 술수에 불과한 것이라고 보았다. 즉 자유주의는 사적 영역인 경제에서의 불평등을 공적 영역 외에서의 평등으로 감추려고 한다는 것이다. 또한 오늘날 페미니즘도 자유주의 공사구분을 남성 중심적 이데올로기라고 비판한다. 그것은 가정과 가사를 사적 영역으로 설정하고 그 안에서 남녀 차별을 문제 삼지 않으려고 하는 전략이라는 것이다. 즉 공적 영역인 정치에서 남녀 구별 없이 일인일표를 허용하여 마치 남녀평등을 구현한 것처럼 내세우면서. 한편으로는 여성이 차별받는 가정과 가사라는 사적 영역에 대한 국가와 사회의 간섭을 배제함으로써 실질적으로는 남성에 의한 여성의 지배를 보장하고 있다는 것이다.

오늘날 이러한 자유주의적 공사구분에 대한 비판의 근저에는 사적 영역에 속한 것이라고 치부해버린 것들이 실제로는 그렇지 않다는 문제의식이 깔려 있다. 예를 들어 포르노그래피, 대리모, 동성애, 장애자,

종교적 인종적 소수자 등의 문제는 단순히 사적 영역에서 개인들 간에 처리할 문제가 아니라 공적 토론과 입법을 통해 해결할 문제라는 것이다. 즉 사회적 인종적 종교적 성적 소수자와 약자의 문제는 공적으로 해결해야 각자의 상이한 삶의 방식을 보장받을 수 있지, 사적 영역에서 개인들이 알아서 처리할 일이라고 내버려 두면 심하게 말하면 내전 상태로 빠져들 수밖에 없다는 것이다. 따라서 이제 더 이상 자유주의적 공사구분의 원리는 철칙이 될 수 없다.

자유주의는 인간의 사적 자유는 최대한으로 감추어져야 한다고 주장한다. 이것은 자유주의가 경쟁하는 부르주아의 이데올로기임을 말해준다.173 부르주아 경쟁자들은 서로에게 그리고 그 계급의 외부에 자신의 사정을 감추어야 한다. 경쟁자가 되는 다른 부르주아가 혹은 이익이 상충되는 다른 계급 혹은 집단이 자신의 사정을 알게 되면 경쟁에서 지고 들어가고 그 지배권은 약화될 수 있기 때문이다. 자유주의는 이를 공적 영역의 식민화로부터 보편적 인간의 사적 영역을 보호하는 것이라고 포장한다. 그러나 그들이 지배하는 국가 기구와 시민사회는 공권력과 도덕이라는 이름으로 다른 계급과 집단의 생각과 삶을 그 지식의 기준으로 감시하고 검열해 왔다. 예를 들어 부르주아 국가와 시민사회는 그들의 논리대로라면 사적 자유가 가장 잘 보호되어야 할 섹슈얼리티를 늘 검열해 왔다. 남성 동성애는 18세기에 들어와 부르주아 동원국가에 의해 본격적으로 하나의 범죄가 되고 남성 동성애자들은 인간이 아닌 제3의 젠더로 밀려났다. 남성성이 피동원가능성으로 규정되면서 정복을 위한 총칼 삽입이나 출산을 위한 성기 삽입의 미학을 발휘할

---

173 Raymond Geuss, *Public Goods, Private Goods* (Princeton, Princeton University Press, 2001), p.88

수 없는 자들은 다시 한 번 마녀사냥의 대상이 되었던 것이다.[174]

따라서 오늘날 자유주의적 공사구분 방식의 한계를 극복하고자 하는 시도들은 공적 영역의 중요성을 강조한다. 그리고 이러한 논의에 가장 큰 영향력을 행사하는 지식인은 바로 한나 아렌트라고 할 수 있다.

2. 한나 아렌트의 공적 영역

어원상 공적인 것(*publicus*)은 원래 인민("*populus*")에서 유래했는데, 『옥스퍼드 라틴어 사전』은 "*publicus*"를 성인 집단 혹은 강건한 인간들의 집합체, 동원 가능한 인력, 뜻을 같이 하는 집단 등등으로 정의하고 있다. 개념사가인 휠셔는 로마에서는 정치적인 것과 군사적인 것이 본래 밀접히 연관되어 있었고 특히 일상적으로는 군사적인 것이 더 중요했기 때문에 인민은 전사의 계층에 참여할 수 있었던 모든 남자 성인과 소년을 의미한다고 주장한다. 즉 "군대"에 갈 수 있었던 남자 혹은 (소집되는 경우) "군단을 형성할 남자들" 혹은 "무장할 수 있는 남자들의 집합"이 인민이라는 것이다.[175] 그리하여 공적인 것(*publicus*)은 원래 "전체 인민에게 속하는 것"과 같은 어떤 것 즉 군대를 형성하는 사람들을 의미했을 수 있다.

---

174 拙稿, 「18세기 영국의 남성 동성애자들: 제 3의 젠더로서 '몰리'」, 『영국연구』 제 12호, 2004, 31~46쪽.

175 Lucian Hölscher, *Öffentlichkeit und Geheimnis*, (Stuttgart, Klett Cotta, 1979), pp.40~43. Raymond Geuss, 앞의 책, pp.35~36에서 재인용.

"공공의 것", "군대의 것"이 의미하는 것은 군대의 재산, 특히 정복해서 공동으로 보유하고 있는 것으로 여겨지던 토지를 의미했다. 그러다가 *populus*가 구체적으로 무장한 남자들의 단체를 의미하다가 전체 인민을 가리키는 것으로 변해 가면서, 나중에는 사원, 수로, 도시의 성벽, 거리 등등과 같은 로마 시민들의 공동의 재산을 의미하게 되었다. 그리고 로마인들 사이에 존재했던 권력 관계의 현상 유지와 모든 로마인들의 공동관심사를 마지막으로는 모든 로마인들의 공동선을 의미하는 것이 되었다. 여기서 공동선은 예를 들어 각각의 시민이 소유하고 있는 가축의 수가 늘어나는 것이 아니라 모든 사람들이 공동으로 사용할 수 있는 사원과 다리의 수가 늘어나는 것을 의미했다. 이러한 공동선 안에서 젊은이들이 좋은 시민(군인)이 되도록 훈련 받아야 하고 그와 마찬가지로 시민단을 구성하고 있는 개인들의 행복(well-being)도 공동의 관심사였다. 그러나 이것은 행복의 어떤 특정한 측면에만 제한된 관심이었다. 즉 그것은 개인 그 자체 혹은 개인만을 위한 개인의 행복에 대한 관심이 아니라, 단지 정치적 사회의 구성요소로서의 개인의 행복에 대한 관심일 뿐이었다. 고대인들은 완전한 시민적 삶이 개인을 위한 가장 좋은 삶이 틀림없다고 믿었기 때문이었다. 즉 인간들은 정치 공동체를 번영으로 이끌기 위해 필요한 일을 해야 하는데, 그렇게 하는 것이 실제로는 개별적인 시민들을 그들에게 가능한 가장 좋은 삶으로 이끌어 갈 수 있는 최선의 방법이라는 것이다.[176]

아렌트가 주목한 공적 영역은 바로 이러한 고대적 관점에 근거한 것이었다. 그리고 그것은 곧 공화주의적 인간관과 세계관을 현대 세계에 투영한 것이었다. 서양에서 공화주의는 케사르의 전제에 반대했던

---

[176] Raymond Geuss, 앞의 책. pp.37~38.

키케로가 국가를 '공공의 일' 혹은 '공공의 것'(*res publica*)으로 정의한 데서 유래했다. 즉 국가는 한 사람의 사익을 추구하는 곳이 아니라 구성원들의 공익을 추구하는 곳이라는 것이다. 키케로는 이러한 국가가 되기 위해서는 인민들의 공동의 동의가 필요하다고 보았다. 키케로의 이러한 생각은 많은 부분이 아리스토텔레스로부터 유래했다. 아리스토텔레스는 폴리스를 지배하는 자가 지배받고 지배받는 자가 지배하는 곳이라고 규정했다. 인간은 폴리스 안에서 자기의 목적을 실현하는 존재(*zoon politikon*)라는 그의 인간관은 바로 그러한 지배에 참여하여 남들과 동등한 인간이 될 때 비로써 인간다운 인간이 될 수 있다는 뜻이었다. 이때 공공의 일에 참여하는 것은 사적 이익보다는 공적 이익을 먼저 추구하기 위해서는 필수적으로 요청되는 인간의 참다운 덕이었다.[177]

아렌트는 바로 이 점에 주목한다. 그녀는 아리스토텔레스의 *zoon politikon*을 사회적 동물이 아니라 정치적 동물로 해석하면서 자신의 논의를 시작한다.[178] 인간을 정치적 동물이라고 규정하는 것은 바로 인간이 가사 혹은 가계라는 사적 영역에서 벗어나, 즉 자기만의 세계에서 벗어나, 공동의 삶의 세계로 진입하는 것을 의미한다. 즉 인간이 공적 영역에 자신을 출현시키는 것을 말한다. 그리고 공적 영역은 인간이 스스로 살아남기 위해 필요한 노동과 작업의 장소가 아니라 함께 살아가기 위한 행위(*praxis*, action)와 언행(*lexis*, speech)의 장소이다. 그리고 그로부터 인간의 일들이 시작되는 곳이다.[179] 아렌트는 공적 영역을

---

177 拙稿, 「공화국과 공화주의」, 『역사학보』 198집, 2008, 227~228 쪽.
178 Hannnah Arendt, *The Human Condition* (Chicago, University of Chicago Press, 1958), p.23.
179 *Ibid.*, pp.24~25.

다음과 같이 구체적으로 기술하고 있다.

"그것은 모든 인간들이 출현한 모든 것들을 볼 수 있고 들을 수 있는 공간이다. 그리고 가장 폭 넓은 공개성이 가능한 곳이다. 바로 이러한 출현이-우리 자신뿐만 아니라 타인들도 보고 들을 수 있는 어떤 것이-우리의 현실을 구성하는 것이다. 이러한 현실과 비교할 때, 사적인 삶의 가장 강력한 힘들조차도-마음의 열정, 정신의 사유, 감각적 즐거움 같은 것조차도- 그것을 공적 출현에 적합하도록 탈개인화시키고 사적인 것에서 벗어날 수 있도록 변형시키지 않는 한 불확실한 존재의 그늘로 우리를 이끌어 갈 뿐이다. 우리가 보고 듣는 것을 함께 보고 듣는 다른 인간들의 출현이 세계와 우리 자신들의 현실에 대한 우리의 인식을 확실하게 하는 것이다.…

(그리하여 이러한 출현의 공간 안에서 경험은 공유되고, 행위는 평가받으며, 각자의 정체성이 드러나게 된다.) 현실에 대한 우리의 느낌은 전적으로 출현에 즉 존재의 어두운 피난처로부터 벗어나 사물들이 출현할 수 있는 공적 영역의 존재에 의존해 있기 때문에, 우리의 사적이고 내밀한 삶의 여명도 궁극적으로는 공적 영역의 훨씬 더 강렬한 빛으로부터 나오는 것이다."180

이렇게 볼 때, 출현의 공간으로서 공적 영역은 우리의 공적 정체성, 공통된 현실에 대한 인식, 그리고 다른 인간들의 행위에 대한 평가를 위해 필수적인 빛과 공개성을 제공한다. 이러한 공적 영역은 그 어떤 공식적인 제도와 정부 형태에 앞서서 존재한다. 즉 인간들이 언동과 행위의 방식으로 함께 모이는 곳이면 공적 영역은 만들어질 수 있는

---

180 *Ibid.*, pp.50~51.

것이다.[181] 그런데 여기서 아렌트는 아리스토텔레스와 다른 견해를 제시한다. 주지하다시피 아리스토텔레스는 이러한 공적 영역인 폴리스가 출현하는 것은 인간의 자연적 본성에서 기인한 것이라고 본다. 즉 폴리스는 인간의 인공물이 아니라는 것이다. 그러나 아렌트는 그러한 인간 본성론에 대해서는 말하지 않는다. 아니, 인간에게는 획일적 본성이 있는 것이 아니라 조건이 주어져 있을 뿐이라는 것이다. 하나의 동질적인 인간이 존재하는 것이 아니라 다원적인 속성을 지닌 인간들이 어떤 조건에 처해 있을 뿐이라는 것이다. 따라서 공적 영역으로서 폴리스는 인간의 자연적 성향이나 선천적으로 내재해 있는 인간 본성이 실현된 것이 아니라는 것이다.[182] 그것은 인간의 행위와 언행으로 창조된 문화적 인공물이라고 아렌트는 주장한다. 그리하여 인간이 존재하면 필연적으로 그리고 영원히 폴리스도 존재하는 것이 아니라 오직 잠재적으로만 그럴 가능성이 있을 뿐이다.[183]

이러한 아렌트의 주장은 바로 그녀가 추구한 '행위적 삶'(vita activa)에 대한 강조에서 나온 것이라고 할 수 있다. 그녀는 인간에게 자연적으로 주어지는 것은 없다고 보았다. 예를 들어 평등은 자연권으로 주어지는 것이 아니다. 그것은 공적 영역에 참여해 민주적 제도를 만들고 지켜나감으로써만 가능한 것이다.[184] 즉 그것은 행위와 언행을 통해서만 쟁취할 수 있는 것이다. 따라서 인종적 민족적 정체성도 평등과 권리를 보장하지 못한다. 그것은 오로지 정치체에 참여를 통해 시민권을 획득할 때만 가능하다. 그녀는 이스라엘 건국 시 바로 이 시민권을

---

181 *Ibid.*, p.199.
182 *Ibid.*, pp.10~11.
183 *Ibid.*, p.199.
184 *Ibid.*, p.215.

강조했다. 인종과 종교에 근거하지 않고 아랍인들과 유태인들 모두에게 확장될 수 있는 자유와 평등의 정치적 권리에 근거한 시민권이 건국의 기초가 되어야 한다는 것이었다.[185]

또한 이러한 시민권의 기초가 되는 행동적 삶은 구성원 간의 친밀감, 온정, 공동체 소속감을 같이 나누는 것과는 다르다. 왜냐하면 그런 것들이 공적 영역에서의 정치적 행위가 될 수 없기 때문이다. 정치적 요구를 창출할 수 있고 늘 공동의 삶의 세계와 관련을 맺을 수 있는 것은 오직 시(공)민적 우애와 연대뿐이라는 것이 그녀의 주장이다.[186] 즉 공적 영역을 창출하는 것은, 그리하여 시민권을 행사할 수 있게 하는 것은, 인간들의 행위와 언행이지 감정이 아니라는 것이다. 꼼꼼히 따져보고 편파성 없이 연대하고 뒤로 물러서서 냉철하고 객관적으로 서로 판단하는 행위와 언행이 하나의 인공물로서 공적 영역을 창출한다는 것이다.[187]

3. 자유주의 공사구분의 허구성: 근대 사회와 자유의 상실

아렌트는 이러한 공적 영역의 본질적 특징을 자유라고 주장한다. 역사적으로 볼 때 고대 그리스 폴리스는 힘과 폭력이 아니라 시민들

---

185 Maurizio Passerin d'Entrèves, "Hannah Arendt and the Idea of Citizenship" in Chantal Mouffe, ed. *Dimensions of Radical Democracy, Pluralism, Citizenship, Community* (London, Verso, 1992), p.151.

186 Hannah Arendt, *Men in Dark Times* (New York, Harcourt Brace Javanovich, 1972), p.25.

187 M. Canovan, "Politics as Culture: Hannah Arendt and Public Realm", *History of Political Thought*, v.6,n.3 (1985), p.632.

간의 언행과 설득을 통해 모든 것이 결정되었다. 그리스인들은 이를 가사 혹은 가계라는 시민의 사적 영역과 대비시킨다. 그 공간은 바로 가장이 명령과 폭력을 통해 지배하는 공간이다. 그리하여 그리스인들은 아시아적 전제를 자주 이러한 가사와 가계와 같은 조직으로 비유했다. 폴리스는 모든 시민들이 오직 언행을 통해 그들의 관심사를 토의하고 결정했다. 폴리스적 삶은, 공적 영역의 삶은, 오직 언행에 의해서만 의미가 부여되는 삶이었다는 것이다.[188] 가사 혹은 가계 영역은 늘 생물적 삶의 필요성이 지배하는 곳이지만, 폴리스라는 공적 영역은 인간이 자신을 출현시키고 행위와 언행을 통해 만들어 나가는 자유의 영역이기 때문에 그렇다.

아렌트는 공적 영역의 이러한 자유를 위해 가사 혹은 가계라는 사적 영역의 지배가 필요했던 것이 고대 그리스 폴리스의 특징이라고 규정한다. 이것은 그 후에 나타나는 사회의 역사적 특징과는 전혀 다른 것이었다. 즉 중세 사회, 근대 부르주아 사회, 사회주의 사회 모두의 공적 영역은 고대 그리스의 가사 혹은 가계 영역이 확대된 사회적 영역을, 즉 사적 삶의 필요성이 지배하는 사회를, 보호하기 위해 존재했을 뿐이라는 것이다. 여기서 사회적 자유는 단지 정치적 권위를 제한하기 위한 것이었을 뿐 공적 영역을 만들어 나가기 위한 것이 아니었다. 그러나 앞서 말했듯이 고대 그리스 폴리스의 자유는 오직 공적 영역에서만 존재했다. 그것은 그리스인들이 성취할 수 있는 지복(*eudaimonia*, felicity)의 본질적 조건이었다. 그리하여 가난한 시민들도 하루가 다른 노동시장의 불확실성을 정규적인 노동보다 더 선호했다. 왜냐하면 정규직의 안정성이 자신이 원하는 것을 할 수 있는 자유를 제한할 수

---

[188] Hannah Arendt, *Human Condition*, pp.26~27.

있기 때문이었다. 따라서 공적 영역의 구성원인 시민들은 그들의 고된 노동이 가계 노예들의 편안한 삶보다는 낫다고 확신했다.[189]

아렌트는 여기서 자유와 평등을 연관시킨다. 폴리스라는 공적 영역은 오직 평등한 구성원들로만 구성된 반면 가사 혹은 가계라는 사적 영역은 엄격한 불평등이 지배한다. 자유롭다는 것이 의미하는 것은 삶의 필요성에 혹은 다른 인간의 명령에 종속되지 않는다는 것과 동시에 그 누구의 명령자도 아니라는 것이다. 모두가 평등한 구성원인 정치 영역에 들어설 때 비로써 인간은 자유롭다는 것이다. 즉 평등이 바로 자유의 본질이라고 아렌트는 단언한다. 자유롭다는 것은 지배 관계에 현존하는 불평등으로부터 벗어나는 것이요 지배도 피지배도 존재하지 않는 영역으로 들어서는 것을 말한다.[190]

이러한 아렌트의 주장은 바로 앞서 본 자유주의적 공사구분의 원리를 반대하는 것이다. 그녀는 근대 부르주아 자유주의 사회에 들어와 고대적 공사구분이 사라졌다고 보았다.[191] 그리고 공적인 것과 사적인 것의 의미도 바뀌었다. 고대적 의미의 사적인 것은 무엇인가를 상실한 것을 의미했다. 즉 공적 영역에서의 행위와 언행이라는 인간적 수월성을 상실한 것을 의미했다. 즉 그것은 자유를 상실한 상태였다. 그러나 근대에 들어와 개인주의의 발달로 그러한 상실의 의미는 사라졌다.[192] 공적 영역의 상실은 곧 인간성의 파괴로 이어졌다. 행위와 언행이 없는 삶은 인간이기를 포기하는 것과 같다. 왜냐 하면 인간들 사이에서 함께 살지 않는 삶은 의미 없는 삶이기 때문이다.[193]

---

189 *Ibid.*, pp.30~31.
190 *Ibid.*, pp.32~33.
191 *Ibid.*, p.33.
192 *Ibid.*, p.38.

그렇다고 해서 근대 사회에 들어와 개인의 사적 영역이 더 넓어지고 확실히 보장받게 된 것도 아니었다. 근대 사회에 들어와서는 모든 공동체가 단순히 노동과 직업의 영역으로 변했다.[194] 즉 생물적 삶이 필요로 하는 것에 의해 지배되는 가계 영역이 인간 활동의 전 영역을 지배하게 되었다. 아렌트는 이러한 현상을 사회적인 것의 등장이라고 불렀다. 정치 영역으로서 공적 영역도 단순한 행정의 영역으로 변형되어 자유의 공간이 사라졌을 뿐만 아니라,[195] 사적 영역의 사적 자유도 획일적이고 균질적인 사회의 요구에 의해 지켜질 수 없게 되었다.

자유의 행위 대신 일정한 틀에 맞춘 행동(behaviour)을 요구하는 근대 사회에서 평등이란 곧 획일성을 의미하는 데 불과했다.[196] 전체로서 사회는 하나의 이익을 추구하며 그것은 보이지 않는 손에 의해 인간들의 행동을 지도하리라는 자유주의 경제학에서 보듯이 인간을 하나 전체로 환원시키는 행동 과학으로서 사회 과학이 대중 사회의 표준화를 선도해 나갔다.[197] 먹고 사는 삶을 위해 상호 의존하지 않으면 안 된다는 사실 말고는 그 어떤 것도 공적인 의미를 지니지 않는 것이 바로 사회가 되었다. 그것은 자신을 세계에 출현시켜 행위와 언행을 통해 자유를 확보하는 고대 폴리스적 의미의 공적 영역과는 전혀 다른 것이었다. 그것은 먹고 살아남아야 한다는 영원 회귀의 감옥 속에 인간을 가두는 것이었다.[198]

---

193 *Ibid.*, p.176.

194 *Ibid.*, p.46.

195 *Ibid.*, p.45.

196 *Ibid.*, p.41.

197 *Ibid.*, pp.43~45.

198 *Ibid.*, p.46.

아렌트의 이러한 주장은 근대 자유주의가 사적 자유를 보장해 주는 철학이라는 주장의 허구성을 폭로하는 것이다. 그녀는 앞서 보았듯이 근대 부르주아 자유주의는 그 자체가 전체주의적인 것이라고 단정한다.[199] 근대 사회는 인간을 고립시키고 원자화시켜 대중으로 만듦으로써 공적 세계로부터 분리시켜 인간의 행위를 위한 능력을 파괴시켰다.[200] 그리하여 자신이 먹고 살아남는 일에만 몰두하는 획일적이고 균질적인 삶만을 만들어냄으로써 자신 만의 공간인 사적 자유도 소멸시켰다는 것이다. 그리하여 홉스가 주장하듯 인간의 이성은 단지 계산하는 능력일 뿐이며 자유인, 자유의지와 같은 단어는 빈 말이 되었다는 것이다.[201]

4. 맺음말

아렌트는 인간은 두 가지 삶을 산다고 보았다. 하나는 개인으로서의 삶이요 다른 하나는 시(공)민으로서의 삶이다. 전자는 자기 자신의 삶을 사는 것이요 후자는 다른 사람들과 공동으로 사는 삶이다. 그런데 시민적 삶은 공동선, 공동 이익을 추구하지만 개인적 삶이 추구하는 사적 이익과 자주 대립할 수 있다.[202] 시민으로서 추구해야 할 공동선

---

199 Hannah Arendt, *The Origins of Totalitarianism* (New York, Harcourt Brace Javanovich, 1973), p.336.

200 *Ibid.*, p.474.

201 *Ibid.*, p.139.

202 Hannah Arendt, "Public Rights and Private Interests", in M. Mooney and F. Stuber, eds. *Small Comforts for Hard Times: Humanists on Public Policy* (New York, Columbia University Press, 1977), p.104.

은 급박한 개인의 사적 이익과 마찰을 빚을 수 있다. 예를 들어 보복이 두려운 범죄 집단에 대한 재판에 증인으로 출석해야 할 때 그렇다. 이런 경우 단 하나의 보상은 다른 시민과 함께 공적 영역에서 공적으로 행위 한다는 데서 오는 '공적 행복'이다. 그것은 사적 이익을 초월해 공적 이익을 발견하는 공동의 숙고에서 오는 행복이요 그자체가 바로 자유를 구가하는 것이다.203

또한 아렌트는 인간들이 자신이 소유하고 있지 않는 공동의 세계를 위해 참여하는 공적 삶은 단순히 자신의 양심을 지키는데서 그치는 삶이 아니라고 보았다. 그것은 자신이 소유한 자신만의 것을 지키는 것이기 때문이다. 예를 들어 도로우가 말하는 시민적 불복종과 같은 것이 그것이다. 그녀는 로사 룩셈부르크의 삶이야말로 공적 삶이라고 칭송한다. 룩셈부르크는 소극적으로 자신의 양심을 지키기 위해서가 아니라 공동의 세계의 불의를 참지 못해 투쟁에 나섰다는 것이다. 즉 양심은 자신만의 사적인 것이기 때문에 그것을 지킨다고 해서 곧 정치적인 것이 되지는 않는다는 것이다. 또한 그녀는 옳지 않은 것을 행하는 것보다는 그것에 의해 고통당하는 것이 낫다는 소크라테스의 언명도 자신만을 위한 사적인 것일 뿐이라고 단언한다. 중요한 것은 옳지 못한 것이 행해지고 있다는 것이다. 그것은 정치적 참여를 통해 고쳐져야 하는 것이지 자신의 양심만을 지킨다고 해서 해결되는 것은 아니다.204

이러한 아렌트의 주장은 근대 자유주의 부르주아 사회에서 파괴된 공적 영역을 회생시켜야 한다는 그녀의 열망을 표현한 것이다. 앞서

---

203 *Ibid.*, pp.105~106.

204 Hannah Arendt, *Crises of the Republic* (New York, Harcourt Brace Javanovich, 1972), pp.60~64.

보았듯이 근대 사회에서의 공적 영역의 파괴는 곧 사적 영역의 파괴를 동반하는 것이었다. 공적 영역이 회복될 때 비로써 진정한 사적 영역도 확보될 수 있다는 것이 그녀의 지론이다. 왜냐 하면 그녀가 말하는 공적 영역은 획일적 균질적 영역이 아니다. 그것은 인간의 다원성이 실현되는 공간이다. 따라서 아렌트가 원하는 것은 정치의 과잉이 아니다. 앞서 보았듯이 공적 영역에서 인간의 공적 삶은 국가와 민족 혹은 인종의 기치 아래 획일적이고 끈끈한 사회에 순종하는 삶이 아니다. 그것은 구성원 서로가 거리를 두고 각자의 냉철한 판단에 따라 행위와 언행을 통해 서로를 평가하면서 비편파적으로 연대하는 삶이다. 그리하여 공적 영역에서 시민들은 약속, 용서, 중용의 도덕을 지켜야 한다. 그는 정치의 과잉을 정치적 유혹이라고 부르면서 그것을 오만(hubris)이라고 표현했다.[205] 공적 영역의 삶은 무엇보다도 다른 사람에 대한 존경이 바탕이 되어야 한다. 그것은 앞서 보았듯이 친밀성과 폐쇄성이 없는 우애이다. 즉 공적 영역의 시민들은 함께 사는 이 세계가 그들 사이에 마련해 놓은 거리를 두고 서로 존경해야 하는 것이다.[206] 즉 인간 조건의 다원성이 공적 영역에 대한 도덕적 제한이 될 수 있다는 것이다.[207] 아렌트의 이러한 다원성에 대한 강조가 바로 그녀의 철학이 개인의 자율적 공간인 사적 영역을 폐기하고 오직 일원적 원리에 의해 개인을 지배하려는 전체주의에 대한 지적 비판이었음을 말해 준다. 그리고 그것은 공적 영역의 확보 없이도, 혹은 축소를 통해, 사적 영역이 확보될 수 있다는 부르주아 자유주의에 대한 공격이었다.

---

205 Hannah Arendt, *Human Condition*, pp.191, 236-247.
206 *Ibid.*, p.243.
207 *Ibid.*, pp.175-76.

제6장

마이클 샌델:
시민적 덕의 부활과 자치의 실현

제6장
마이클 샌델: 시민적 덕의 부활과 자치의 실현

1. 머리말

오늘날 미국 사회가 처한 위기의 본질은 무엇일까? 이 물음에 대한 답을 자유주의와 연관시켜 가장 극명하게 제시한 인물이 바로 마이클 샌델이다. 그는 자유주의가 오도한 미국의 정치 문화를 절차주의라고 부르면서 그 폐해를 고발하고 자유주의가 제공한 그 이론적 기초를 비판한다. 이때 그의 비판의 표적이 된 인물이 바로 자유주의 철학자 존 롤스였다. 주지하다시피 롤스는 자아가 목적에 선행한다는 칸트적 도덕 철학에 기초해 자신의 논의를 전개했다. 그는 이러한 자아론에 기초해 개인에 대한 공정한 고려와 처우로서 정의를 정당한 절차에 따라 실현하는 것을 정치의 목표로 보았다. 이는 인간이 추구해야 할 좋은 삶이란 무엇인가에 대한 해답은 개인들 각자가 알아서 선택해야 한다는 뜻을 내포하고 있다. 즉 국가는 특정 가치와 목적에 대해 중립을 지키고 단지 공정한 절차가 지켜지도록 해 개인의 선택권을 최대한으로 보장해야 한다는 것이다.

샌델은 이러한 절차주의가 공동선과 공동의 복지 대신 개인의 권리만을 고려 대상으로 삼는다고 단정한다. 그 결과 참여와 연대를 통한 시민적 삶과 그것을 통해 성취할 수 있는 자치는 실현되지 않고 사회의 공공성은 훼손당한다는 것이다. 샌델은 바로 이것이 미국 민주주의의 위기의 본질이라고 고발한다. 그리하여 그가 대안으로 제시하는 것은 바로 미국 건국 초기의 공화주의의 재건이다. 샌델의 이러한 주장은 지난 세기 70년대 이후 자유주의적 헤게모니에 대항해 나타난 공화주의적 역사 해석과 이에 영향 받은 공동체주의 정치 철학의 맥락 안에서 형성된 것이었다. 따라서 본고에서는 먼저 공동체주의적 맥락을 살펴보고 나서 그의 공화주의의 내용과 성격을 검토할 것이다.

2. 공동체주의적 맥락

20세기 미국 지성사에서 본격적으로 자유주의의 개인주의적 성향을 비판하고 사회의 공공성 회복을 주장한 인물은 바로 존 듀이였다. '공공 철학자'로 불리는 존 듀이는[208] 공적인 것을 개인들 간의 행위의 결과가 당사자들의 범위를 넘어 제삼자들에게까지 간접적으로 영향을 미치는 것이라고 규정하면서 그것을 인식하고 규제하는 것이 바로 '인민의 일'(res populis)이라고 말한다.[209] 이러한 듀이의 언명은 고전적 자유주의가 자유를 단지 간섭의 부재로만 규정하면서 사적인 계약의 자

---

208 김진희 옮김, 『존 듀이, 자유주의와 사회적 실천』, 책세상, 2011, 해제, p.107.
209 John Dewey, *The Public and Its Problems* (1927), pp.12~16.

유는 철칙으로서 사회나 국가가 그것에 공적으로 간섭할 권한이 없다는 주장을 반박하기 위한 것이었다.[210] 즉 그것은 자유주의의 공사구분을 넘어 사회의 공공성을 회복시키기 위한 것이었다. 또한 이것은 민주주의가 요구하는 공적인 삶이 개인적 가치를 집단의 이름으로 침해할 수 있다는 당시 휘트먼과 같은 지식인들의 비관론을 반박하는 것이기도 했다.[211]

듀이도 사회가 개인으로 구성되어 있다는 것은 부정하지 않는다. 그러나 인간들이 타인들과 공동체를 이루어 사는 삶과는 별개로 독립적인 삶을 살아가는 존재라고 생각하는 것은 잘못이라고 단언한다. 인간들은 공동체를 구성하지만 동시에 그것에 의해 자신이 형성되어 왔다는 것이다. 그리고 그는 인간들이 단순히 자신들이 원하는 것만을 얻기 위해 공동체에 들어왔다고 생각하는 것도 마찬가지로 잘못된 것이라고 비판한다.[212] 그리하여 듀이는 앞서 본 그린처럼 자유가 단순히 자기주장을 펴는 것, 자기 마음대로 하는 것이 아니라 인간들 사이에서 좀 더 수준 높고 완벽한 통일성을 형성하여 그것을 통해 인격을 실현하는 것이라고 규정했다.[213] 그는 자유를 단지 타인의 직접적인 방해와 간섭에 노출되지 않은 채 무엇인가를 할 수 있는 것이라는 자유주의의 소극적 자유론을 배격했던 것이다.[214] 그는 이러한 자유에 대한 소극적

210 듀이-김진희, p.133.

211 Walt Whitman, "Democratic Vistas", in Mark van Doren, ed. *The Portable Whitman* (New York, Penguin Books, 1973), pp.317~384.

212 John Dewey, *Intelligence in the Modern World: John Dewey's Philosophy*, ed. Joseph Ratner (New York, Random House, 1939), p.382.

213 John Dewey, *The Ethics of Democracy* in J.A. Boydston, ed, *The Early Works, 1882-1898*, (Carbondale, Southern Illinois University Press, 1969-1972), v.1, 244~248.

214 John Dewey, *Ethics* 1st edtion, in *The Middle Works, 1899-1924*, (1976~1983) v. 5, p.392.

견해가 소위 개인주의의 근본적인 약점이라고 비판했다.[215] 자유는 개인들이 가지고 있는 잠재 능력의 실현으로서 그것은 타인들과 다층적으로 결사를 맺을 때 비로소 가능하다는 것이다. 즉, 자유란 공동체가 결실을 맺는 것에 공헌하고 그것을 즐기면서 자신을 개별적 자아로 만들어 나가는 힘이라는 것이다.[216] 하이예크는 듀이의 이러한 자유론을 일종의 지적 사기라고 분개하고 있다.[217]

이렇듯 개인과 공동체와의 관계를 자유주의와는 다르게 규정하는 방식을 더 멀리 끌고 간 곳에 바로 지난 세기 후반에 나타난 공동체주의가 존재한다. 공동체주의는 정치 사회는 하나의 전체로서 근본적으로 공통된 목적에 의해 통일되어 있어야 한다고 주장한다. 즉 개인의 자유보다 공동체의 공동선이 더 우선시 되어야 한다는 것이다. 따라서 그것은 개인들이 공적 영역으로 가지고 들어온 다양한 기획들을 수용하고 그것들을 위해 봉사해야 하는 것이 정치적 제도와 기관들이 할 일이라는 자유주의적 발상을 거부한다. 이러한 공동체주의는 지난 세기 70년대 후반부터 시작된 포칵과 그 제자 역사가들의 공화주의 연구에 의해 촉발되었다.

1980년대에 들어와 포칵의 공화주의 연구는 정치철학에 즉각적인 영향을 미치기 시작했다. 바로 공동체주의 철학자들이 그들의 이론 전개를 뒷받침해 줄 수 있는 역사적 근거로 포칵의 공화주의 연구를 받아들였던 것이다. "우리의(미국의) 이데올로기적 기원에 관한 한 공화주의 학파의 주장이 맞는다면, 이제 우리의 공공 생활을 다시 활성화

---

215 John Dewey, "Religion and Morality in a Free Society", in *The Later Works, 1925~1953* (1981~1992), v.15, p.181.

216 John Dewey, *Liberalism and Social Action*, in *LW*, xi, p.329.

217 Fridriech A. Hayek, *The Constitution of Liberty*, p.424.

하고 공동체에 대한 감정을 복원할 수 있는 희망이 보이며", 따라서 "우리 시대에는 시들어 있지만 우리 전통 안에 명백히 존재하는 시민적 공화주의의 가능성을 부활시켜야 한다."는 마이클 샌델의 언명이 이를 단적으로 보여준다.[218] 마이클 왈저도 고전적 공화주의의 부활이 현대의 공동체주의 정치의 본질적 부분을 제공하고 있다고 고백했다.[219] 그는 공화주의 교리가 자유 민주주의의 참여지향적인 체제로의 수정을 가능케 해 '공화국들 가운데 공화국'을 수립할 수 있게 해 주리라고 기대했다.[220]

이렇듯 공동체주의자들이 공화주의에 열광한 이유는 바로 포칵의 공화주의의 핵심 단어가 덕이었기 때문이었다. 아리스토텔레스적 도덕 철학의 부활을 꿈꾸는 앨러스데어 맥킨타이어는 인간이 좋은 삶을 산다는 것은 자신을 최고로 실현하는 것인데 이 때 덕이 그러한 삶의 필수적이요 중심적인 요소라고 주장했다. 덕을 언급하지 않고는 좋은 삶이 무엇인지를 규정할 수 없다는 것이다.[221] 주지하다시피 공동체주의자들의 주장의 핵심은 인간이 공동체 안에서 함께 추구해야 할 좋은 삶이 존재한다는 것이다. 반대로 자유주의자들은 그런 것은 존재하지 않는다고 반박한다. 좋은 삶은 개인들이 알아서 각자가 규정하면 될 뿐이라는 것이다. 바로 그 좋은 삶을 추구하는 것이 다름 아닌 덕을 실천하는 것이라고 믿던 공동체주의자들에게 포칵의 공화주의는 그 덕이 유럽 지성사의 변방이 아닌 중심부를 관통해 미국으로 건너 온

---

218 Michael Sandel, "Morality and the Liberal Idea", *The New Republic* (May 7 1984), p.17.

219 Michael Walzer, "The Communitarian Critique of Liberalism", *Political Theory*, 18. 1 (1990). p.19.

220 *Ibid.*, p.20

221 Alasdair MacIntyre, *After Virtue* 2nd. ed. (Notre Dam, Notre Dam University Press, 1984), p.149.

핵심적 관념이라는 자부심을 안겨준 것이었다.[222]

이렇듯 역사적 근거를 확보한 공동체주의자들은 자유주의가 좋은 삶에 대한 그 어떤 개념 규정도 없이 권리만을 규정하고 옹호하려고 한다고 비판한다. 마이클 샌델은 자유주의는 한마디로 말해 "개인주의적이고 권리에 바탕을 둔 윤리"라고 규정한다.[223] 즉 자유주의는 개인으로서 인간을 고립된 원자와 같은 것으로 규정하고 전체 사회 조직을 단지 그러한 수많은 개인들의 집합체라고 본다는 것이다. 따라서 그러한 곳에서는 함께 추구해야할 공동선도 존재하지 않으며 더불어 살아가야 한다는 연대 의식도 나타나지 않는다. 그러한 사회에서 사는 개인들의 삶은 오직 유용성의 언어와 권리의 언어라는 두 가지 철학적 언어로 표현될 뿐이다.[224] 그리하여 자유주의자로 살아가는 우리는 자유롭게 선택할 수 있고, 그렇게 할 권리도 있다. 우리는 제멋대로 우리의 욕망과 이익을 규정할 뿐 우리의 선택을 지배할 수 있는 그 어떤 규준도 가지고 있지 않다. 그리하여 우리의 선택은 그 어떤 일관성과 논리성도 결여하고 있다. 우리 자신에 대해 우리는 적절한 설명을 할 수 없는 것이다.[225]

공동체주의는 자유주의의 이러한 병폐가 가장 잘 적나라하게 나타나는 곳이 바로 시장이라고 본다. 이론적으로는 자유로운 개인들의 자유로운 교환 행위는 그 안에서 모든 재화가 화폐라는 중립적 매개체를 통해 다른 재화를 창출하는 시장을 창조한다. 그러나 실제 생활에서

---

222 Luigi Marco Bassani, "The Bankruptcy of the Republican School" *Telos*, 124 (summer, 2002), p.147.

223 Michael Sandel, *Liberalism and Limits of Justice* (Cambridge, Cambridge University Press, 1982), pp.66~67.

224 Michael Walzer, 앞의 논문, p.8.

225 *Ibid.*, p.9.

는 그렇지 않다는 것이 공동체주의의 논지이다. 대표적으로 마이클 왈저는 화폐는 중립적 매개체가 아니라 지배 집단의 재화일 뿐이라고 단언한다. 즉 담합하고 교환하는데 특출한 재능을 소유한 사람들에 의해 독점될 뿐이고, 그러한 재능이 바로 부르주아 사회의 처세술이라는 것이다. 따라서 소위 자유 시장이라는 것은 인간의 하인이 아니라 주인 노릇을 하는 냉혹한 기제일 뿐이라고 그는 혹평한다. 사회적으로 계획되지 않은 모든 자유 교환은 필연적으로 사회의 한 부분이 다른 부분을 지배하는 것으로 끝날 뿐이라는 것이다.[226]

캐나다의 공동체주의자인 찰스 테일러는 헤겔의 언명대로 인간은 사회의 공적 생활의 규범과 목적이 그들의 정체성을 규정하는데 가장 중요한 것이 될 때 비로소 그 존재 이유를 드러낸다고 주장한다.[227] 아렌트의 뒤를 이어 근대성에 대한 본원적 성찰을 시도한 테일러는 근대 자본주의 사회의 주류 철학과 사회과학이 원자론적 개인주의에 집착함으로써 개인의 발전과 자기실현이 공동체와 사회적 실천에의 참여 안에서 가능하다는 점을 망각하고 있다고 비판한다. 개인의 정체성은 어디까지나 공동체 내적 존재로서 상호인정을 받을 때 비로소 확립된다고 그는 주장한다. 그것은 공동체 안에서의 공적 생활에 표현된 규범과 목적에 의해 인간 존재로서 자신의 정체성을 확립할 때 가능하다는 것이다. 인간 사회는 상호경쟁을 통해 승리와 패배가 가려지는 장이 아니라 그것을 넘어 서로를 동등자로서 인정하는 공동체가 될 때 상호파괴의 비극을 극복할 수 있다는 것이다. 그리하여 근대 부르주

---

226 Michael Walzer, *Spheres of Justice: A Defence of Pluralism and Equality* (New York: Basic Books, 1983), 21~22.

227 Charles Taylor, *Sources of the Self* (Cambridge, Cambridge University Press, 1989), p.185 이하의 내용은 이 책을 참조.

아 사회가 만들어 놓은 주관적 주체성의 철학을 뛰어넘어 간주관적 상호인정을 통한 자아 확립의 철학이 어느 때보다 이 시대에 필요하다고 그는 강조한다.

인간은 비자족적 존재여서 상호의존적일 수밖에 없기 때문에 타인들과 연대하여 사회가 제기하는 도덕적 정치적 문제들에 대해 공적으로 논의할 때만 비로소 자율적 존재가 될 수 있지 오로지 개인의 사적 선택의 자유를 보장받는다고 해서 그렇게 되는 것은 아니라는 것이다. 즉 사회의 공공성이 회복될 때 비로소 개인도 자율적 존재가 되어 자기를 실현할 수 있다는 것이다. 그러나 현금의 자유주의 사회는 단지 그 구성원들의 욕구와 이익을 만족시키는 데에만 혈안이 되어있고 이를 위해 국가는 공통의 가치를 제시하기 보다는 중립적 위치를 고수하여 개인들 간의 무한 경쟁을 방관하고 있다고 그는 비판한다. 이러한 자유주의는 자유를 단지 간섭의 부재로만 소극적으로 규정하는 것을 철칙으로 삼고 있다. 그러나 자유는 간섭받지 않는 선택의 기회를 보장받을 때 가능한 것이 아니라 자기가 살고 있는 사회를 평등한 구성원들이 상호인정을 통해 가치를 공유하는 공동체로 만들어 나가는데 참여할 때 가능한 것이라고 그는 강조한다. 즉 집단적 자치에 참여해 가치 있는 공동체를 만들 때 인간은 자유를 만끽할 수 있고 자신의 정체성을 확립해 나갈 수 있다는 것이다.

테일러의 이와 같은 주장은 그의 시민사회론에서 명확하게 드러난다. 찰스 테일러는 시민사회를 국가로부터 독립된 자율적인 결사체들의 웹이라고 정의한다. 그리고 그것은 시민들을 공동의 관심사에 참여하게 하고 그것이 존재한다는 것 자체가 공적 정책에 영향을 줄 수 있는 것이라고 부언한다. 그는 왈저와 마찬가지로 동구권 지식인들의 민주화 운동이 이러한 시민사회에 대한 관심을 재생시켰다고 평가한다. 그것은 공산당의 혁명적 목표를 위해 사회 전체를 동원하면서 사회적 생활의 모든 국면을 위성화 시킨 전체주의에 대한 반발이었다는 것이다. 그는 이러한 과정에서 자연스럽게 국가 대 시민사회라는 구분이 강조되었다고 본다.[228] 그러나 그는 이러한 구분이 우파의 시장지상주의로 흐르는 것을 경계한다. 시장이 모든 것을 해결하는 효력을 지니고 있어서 국가의 그 어떤 간섭도 배제해야 한다는 주장은 끔찍한 유토피아적(dystopian) 발상에 불과하다는 것이다. 그는 이미 서구 사회는 노동과 자본이 국가의 기획에 통합되는 조합주의 체제 하에 있기 때문에 개인들은 시장과 국가의 조화 속에서 살 수밖에 없다고 강조한다.[229]

따라서 그는 시민사회를 국가의 통제를 받지 않는 자유로운 결사체가 존재하는 곳이라고 소극적으로 정의하는 것보다는 좀 더 적극적으로 정의할 것을 제안한다. 시민사회는 하나의 전체로서 사회가 자유로운 결사체를 통해 자신을 구성하고 그 행위를 조정하는 곳이라고 정의하자는 것이다. 그는 이러한 정의에 보충하여 그러한 결사체들의 총체가 국가 정책을 결정할 수 있거나 조절할 수 있는 곳이면 시민사회라고 할 수 있다고 말한다. 그는 이렇게 시민사회를 적극적으로 규정해야만 시민사회에 공적 차원을 부여할 수 있다고 주장한다. 그리고 그것이 시민사회 개념의 서구적 전통에서 결정적인 요소였다고 단정한다.[230]

물론 그는 서구적 전통 안에서 시민사회를 소극적인 개념으로 보려는 경향이 존재했음을 인정한다. 시민사회를 국가의 통제에서 벗어나 있는 경제로 보려는 계열이 분명히 있다는 것이다. 그는 그러한 인식이

---

228 Charles Taylor, "Invoking Civil Society", in *Philosophical Arguments* (Cambridge, MA. Harvard University Press, 1995), pp.204~205.

229 *Ibid.*, pp.205~206.

230 *Ibid.*, p.208.

정치사회가 구성되기 이전에 인간의 공동체가 존재했다는 로크의 주장에 뿌리를 두고 있다고 주장한다. 주지하다시피 그는 절대주의에 반대하기 위해 정치 바깥에 따로 존재하는 인간사회를 설정했다. 정치적 권위에 의해 통제되어서는 안 되는 장이 존재한다는 것이다. 여기서 오늘날 시민사회를 그 자체의 법칙과 역동성을 지닌 생산, 교환 그리고 소비의 상호연관적 총체로서의 경제로 보려는 논의가 나올 수 있었다는 것이다.[231]

그러나 로크의 주장은 시민사회를 공적 영역으로 보려는 관점도 뒷받침해 줄 수 있는 것이었다고 그는 주장한다. 왜냐하면 국가라는 정치의 장 바깥에는 자체의 법칙에 의해 움직이는 경제만 있는 것이 아니라 자율적인 공론의 장도 있을 수 있기 때문이다. 그는 18세기에 공동의 관심에 대해 서로 토론할 수 있고 정보가 유통될 수 있는 공공장소와 언론이 등장해 공론이라는 개념이 나타남으로써 그것이 가능해졌다고 주장한다. 그리고 그렇게 형성된 시민사회는 단순히 국가의 통제에서 벗어나 있는 영역이 아니라 그것을 넘어 국가의 정치 영역에 영향력을 행사하는 영역이 될 수 있었다는 것이다.[232]

이렇게 볼 때 시민사회를 소극적으로만 규정하는 것은 역사적으로 맞지 않는다고 그는 주장한다. 시민사회는 사적영역이 아니었다는 것이다. 그것은 단지 사적으로 고립된 영역들의 집합이 아니라 공적 사회적 생활의 한 형태였다는 것이다.[233] 그는 이러한 의미로 시민사회를 정의하는 데 가장 큰 도움을 줄 수 있는 정치 이론을 몽테스키외에서 찾는다. 몽테스키외도 로크와 마찬가지로 절대주의에 반대했지만 그

---

231 *Ibid.*, p.215.
232 *Ibid.*, p.216~217.
233 *Ibid.*, p.219.

전략은 달랐다. 그는 인간 사회를 정치 이전의 단계로 즉 정치가 없는 곳으로 규정하지 않았다. 그 대신 그는 국가와 시민사회를 구분하지 않는 고대 그리스와 로마의 폴리스적 전통을 원용했다. 그렇다고 해서 그가 시민사회를 곧 국가로 보지는 않았다. 국가의 정치 영역과 겹쳐지지 않는 곳으로 시민사회를 규정하는 것에 반대했을 뿐이다. 그는 국가 권력이 전제화되는 것을 막으려면 법으로써 그것을 제한해야 하는데 그것이 유효하려면 그 법 안에서 독립적 지위를 갖고 그것을 수호해야 하는 영역이 존재해야 한다고 보았던 것이다. 즉 그는 사회를 정치와 분리해서 생각하지 않는 고대적 전통을 이어나가면서도 집권화된 정치권력과 그것을 견제할 수 있는 권리들의 실체를 분리함으로써 국가가 아닌 시민사회를 설정할 수 있었다는 것이다.234

이렇듯 테일러는 시민사회를 소극적으로 규정하여 정치를 주변화시켜 그것을 시장으로 대체하려는 시도에 반대했다. 그는 인간들의 공적 영역에서 사적 영역으로의 후퇴를 인간본성의 퇴화라고 본 토크빌의 주장이 바로 로크의 주장에 근거한 소극적 시민사회론의 위험성을 지적한 것이라고 평가한다. 우리의 집단적 운명을 맹목적인 경제에 맡기려는 시도는 또 하나의 소외를 가져올 뿐이라는 것이다.235 시민사회를 앞서 본 바와 같이 적극적으로 규정할 때에만 비로써 일반의지의 동질성을 추구하는 전제적 국가 권력과 자기파괴적인 맹목적인 경제 권력으로부터 모두 해방될 수 있다고 그는 역설한다. 즉 시민사회는 자발적 결사체들이 형성되고 활동하는 공적 영역으로 규정되어야 한다는 것이다. 그리하여 민주주의 국가에서는 결사의 과학이 모든 과학

---

234 *Ibid.*, pp.214~215.
235 *Ibid.*, p.221.

의 어머니라는 토크빌의 언명은 현재에도 유효하다는 것이다.[236]

3. 자유주의 비판

샌델은 자신을 이러한 공동체주의자로 분류하는 학계의 일반적 관행을 거부하고 스스로 공화주의자라고 자부한다. 그는 몇 가지 철학적 용어를 빼놓고는 포칵 식의 역사 해석을 거의 답습하고 있다. 그는 공화주의와 자유주의의 근본적인 차이점을 자아와 공동체와의 관계에 초점을 맞추어 논의하고 있다. 그는 자유주의의 자아를 공동체로부터 방해받지 않는 '무연고적 자아'(unencumbered self)라고 규정하고 그것을 비판한다. 자아는 공동체적 유대의 산물이라는 것이다. 자유주의는 인간들이 자기 의지대로 공동체를 선택할 수 있다고 보지만, 공화주의는 오히려 공동체가 인간에게 자아 형성의 구성적 요소로서 존재한다고 본다는 것이다.[237] 자유주의의 이러한 자아 규정은 앞서 보았듯이 공동선을 따르는 삶을 부정한다. 어떤 것이 좋은 삶인지는 개인이 알아서 결정할 문제라는 것이다. 따라서 자유주의는 국가는 사회적으로 제기되는 도덕적 문제에 중립을 지켜야 하고 모든 것은 절차에 따라서만 처리하면 될 뿐이라고 주장한다. 그러나 공화주의는 공동체의 구성원 간의 상호존중에 기초해 공동선을 추구하는 정치가 시민적 삶의 재건을 통해 가능하다고 본다.[238]

---

236 *Ibid.*, p.222-223.

237 Michael Sandel, "The Procedural Republic and the Unencumbered Self", *Political Theory*, 12 (1984), pp.81-96.

238 Michael Sandel, Justice, *What's the Right thing to Do?* (London, Penguin Books, 2010),

샌델은 이러한 자유주의와 공화주의의 차이의 극명한 예를 노예제 폐지 문제를 놓고 펼쳐졌던 링컨 대 더글러스의 논쟁에서 찾는다. 주지하다시피 그 논쟁의 본질은 과연 국가 정책이 도덕적 문제에 중립을 지켜야 하는가 하는 것이었다. 링컨은 국가 정책이 노예제에 대한 도덕적 판단을 회피해선 안 되고 오히려 그것을 반영해야 한다는 것이었고, 더글러스는 노예제가 좋은 것인가 나쁜 것인가는 개인이 알아서 결정할 문제이지 국가가 여기에 개입해서는 안 된다는 것이었다.[239] 그는 또 하나의 예를 든다. 자유주의자들은 그들의 논리대로라면 마틴 루터 킹 목사의 민권 행진과 신 나치들의 홀로코스트 생존자들에 대한 '증오의 연설'을 위한 일리노이 주 스코키로의 행진을 똑같이 허용하리라는 것이다.[240]

그의 이러한 자유주의 비판은 바로 롤스의 자유주의 철학에 대한 비판이었다. 그는 이 철학이 공통의 소속감이 개인적 선택에 우선하여 공동선을 추구할 수 있는 신념적 기초이고 또 그 동기가 된다는 것을 부정한다고 단정한다. 즉 롤스의 무연고적 자아론은 공동체를 사적 개인적 목적의 수단으로 생각할 뿐 반대로 공동의 목적과 가치가 자아에 침투하지 못하게 한다는 것이다. 그 결과 자아와 타인들 간의 본질

---

ch.10.

239 Michael Sandel, *Democracy's Discontent, America in Search of Public Philosophy* (Cambridge, Mass. The Belknap, 1996), pp.21~23.

240 Michael Sandel, *Liberalism and the Limits of Justice*, 2nd edn (Cambridge, Cambridge University Press), pp.xiv~xvi. 그는 여기서 공화주의와 공동체주의의 차이점에 대해서도 중요한 발언을 한다. 공동체주의자들은 공동체의 구성원은 특정 공동체의 관습적이고 지배적인 가치에 의해서만 권리를 보장받는다고 보기 때문에 민권 행진이나 신 나치 행진 모두 금지시킬 것이라고 그는 주장한다. 이 말은 공화주의는 공동체를 문화와 혈연의 공동체가 아니라 보편적 시민적 삶의 공동체로 본다는 뜻이다. 따라서 오직 공화주의 만이 민권 행진은 허용하고 신 나치 행진은 금지시키는 정책을 입안하고 집행할 수 있다는 것이다.

적인 거리감이 생성되고 공동의 유대 의식으로 사적 이익을 희생해야 한다는 생각이 차단된다는 것이다.[241] 이러한 자아론은 개인의 의지에 따른 자유로운 선택만을 강조하는데 이는 무엇이 좋은 것인가를 인식하지 않고 다만 원해서 결정한다는 것을 뜻한다. 즉 당사자의 선택이 그들의 욕망에 대한 질적 평가 없이 행해지는 것이다. 샌델은 그 결과 개인들을 단지 개성 없고 도덕적 깊이를 상실한 개인으로 전락할 뿐이라고 개탄한다.[242]

이렇듯 타인과의 지속적인 연대도 맺지 못하고 그들의 욕망을 평가할 수 있는 기준을 제공하는 정확한 정체성도 갖추지 못한 무연고적 자아는 진정한 자아의식도 가질 수 없다. 그들은 좋은 친구, 좋은 시민, 좋은 부모가 되게 해주는 의무를 지속적으로 수행하지도 못하는 것이다. 그리하여 그는 자아를 무연고적인 것으로 만듦으로써 자유주의는 개인을 해방시키고 활기차게 만든 것으로 보이나 실상은 요동치는 욕망의 포로가 되는 저급한 상태로 전락시킨 것이라고 비판한다. 이러한 무연고적 자아의 개인들은 단지 자신이 좋아하는 것만 추구하고 자기 혼자 하는 것만을 빼곤 그 어 떤 것도 가치 있다고 생각하지 않는다는 것이다.[243]

샌델은 앞서 보았듯이 이러한 무연고적 자아론이 목적과 가치와 도덕에 대한 자유주의의 중립성의 문제로 귀결된다고 본다. 그리고 그 문제점은 노예제에 대한 논쟁의 예에서 볼 수 있듯이 과거 역사에서뿐만 아니라 현대 미국 사회의 중요 현안에서도 노정된다고 주장한다. 예를 들어 음란물에 대한 미국 법원의 판단은 그것에 대한 도덕적 판단을 내리는 것이 아니라 그 부작용을 제어할 수 있는 방법을 모색하려는

---

241 *Ibid.*, pp.173, 148~149.

242 *Ibid.*, pp.178~179.

243 *Ibid.*, p.180; *Democracy's Discontent*, pp.292-293.

것일 뿐이다. 그런데 이것은 민주주의 공동체의 도덕적 색채를 형성할 수 있는 능력을 불구화시킬 뿐이라고 그는 개탄한다.[244] 낙태와 동성애의 문제 또한 그러한 중립성의 원리로 해결할 문제가 아니라고 그는 주장한다. 낙태가 허용되어야 하는 것은 그것이 도덕적 판단을 내릴 문제가 아니기 때문이 아니라 발생 초기의 태아를 낙태시키는 것과 어린이를 죽이는 것과는 도덕적으로 차이가 있기 때문이라고 판단해야 한다는 것이다.[245] 또한 동성애도 개인의 선택의 문제이기 때문에 중립을 지켜야 되는 것이 아니고 동성애도 이성애와 마찬가지로 친밀성, 성실성, 자기표현과 같은 가치와 목적을 증진시킬 수 있기 때문이라고 판단해야 된다는 것이다.[246]

이렇게 볼 때 무연고적 자아론과 중립성론에 기초한 자유주의는 부적절한 공공 철학이라고 그는 단언한다. 왜냐하면 그것은 무엇이 좋은 삶인지에 대한 공동의 모색을 방해해 적극적 시민성을 활성화시키지도 못하고 사적 개인적 목적을 넘어 공동선을 추구하지도 못하게 하기 때문이다. 자유주의는 그러한 시민성을 발휘해야 한다는 의무를 단지 개인적 자율의 방해라고만 폄하함으로써 사회 구성원들 간의 상호 책임감을 고양시키지도 못하고 도덕적 문제에 대한 토의도 못하게 할 뿐이다. 그 결과 시민들은 상호 의무와 복지국가 안에서의 상호 의존관계에 대해 알지도 못하고 받아들이지도 않는 상황이 야기되었다는 것이다.[247] 결론적으로 샌델은 자유주의는 더 많은 권리와 선택을 약속하지만 실상은 민주주의의 활력에 대한 의심만을 초래했고 자유도 지

---

244 *Democracy's Discontent*, pp.75~77.
245 *Liberalism and the Limits of Justice*, p.198.
246 *Democracy's Discontent*, pp.103~105.
247 *Ibid.*, pp.117~119.

켜주지 못했다고 비판한다. 민주주의의 생명인 자치가 요구하는 도덕적 정치적 시민적 참여를 자유주의가 고양하지 못했기 때문이라는 것이다.[248]

4. 공화주의적 덕과 자치로서의 자유

샌델은 자유주의의 자아론에 대한 비판에 기초해 자유주의의 소극적 자유론을 비판한다. 그는 앞서 본 그린, 듀이, 아렌트처럼 인간을 본질적으로 공동체적 존재로 상정한다. 즉 자유주의가 말하는 것처럼 공동체로부터 독립된 개별적 자아란 존재하지 않는다는 것이다. 자아는 공동체적 관계의 산물이라는 것이다. 그리하여 개인이 자기의지대로 공동체를 선택하는 것이 아니라, 오히려 공동체가 자아를 형성시킨다는 것이다.[249]

이러한 자아론에 입각해 자유주의의 자유론은 개인이 자신이 원하는 것을 선택할 수 있는가의 문제에 초점을 맞춘다고 본다. 즉 그것은 개인의 사적인 선택에 관한 소극적 자유론이라는 것이다. 그러나 공화주의 자유론은 그 이상을 추구한다. 그것은 자치 행위에 자기 몫을 행사할 수 있느냐에 초점을 맞추는 적극적 개념이라는 것이다. 그것은 동료 시민들과 함께 공동선을 심의하고 정치 공동체의 운명을 결정하는데 일조할 때 비로소 자유롭다고 보는 것이다. 즉 자유는 곧 자치라는 것이다. 그는 토크빌을 인용하면서 미국의 읍민회의가 곧 자유의

---

248 *Ibid.*, pp.322~323.

249 Sandel, "The Procedural Republic and the Unencumbered Self", pp.81~96.

산실이었다고 본다.[250]

따라서 자유롭기 위해서는 공공의 일에 대한 지식을 가져야 하고, 소속감이 뚜렷해야 하며, 부분보다는 전체에 관심을 두어야 하고, 사회적 약자들과 도덕적 유대감을 지녀야 한다는 것이다. 즉 자치 행위에 참여로서의 자유는 포착이 말하는 시민적 덕을 요청한다는 것이다. 따라서 공화주의적 자유론은 우리가 어떻게 물어야 할지도 잊고 있었던 문제들을 제기할 것을 요청한다는 것이다. 과연 우리의 경제 체제는 우리의 자치로서의 자유에 호의적으로 구성되어 있는가? 어떻게 정치적 담론들은 도덕적 문제들을 회피하지 않고 공적 영역으로 끌어올 수 있을까?[251]

그에 의하면 자유주의 자유론에 의하면 민주주의는 단순히 인민들이 선택하고 원하는 것을 줄 수 있는가의 문제라고 본다. 그러나 자치로서의 자유를 주장하는 공화주의 자유론이 실현되면 시민들은 자신들의 선택과 욕구에 대해 성찰할 기회를 갖고 때로는 공동선을 위해 그것을 희생하기도 할 것이라고 주장한다.[252] 이렇듯 자유주의 자유론은 개인주의 자유론이기 때문에 민주주의에 배치된다고 그는 과감히 주장한다. 인간은 다수의 결정으로부터 면제될 수 있는 권리를 보장받을 때 자유롭다고 보기 때문이다.[253] 그러나 공화주의 자유론은 자유는 자치의 결과물이기에 민주적 결정에 따를 때 가능하다고 본다. 인간은 그 운명을 통제하는 정치적 공동체의 일원일 때, 그리고 그 공동체의 일에 대한 결정을 내리는데 참여할 때 비로소 자유롭다는 것이다.

---

250 Sandel, *Democracy's Discontent, America in Search of Public Philosophy*, p.27.

251 *Ibid.*, pp.4~7.

252 Sandel, *Public Philosophy*, (Cambridge,Mass. Harvard University Press, 2006), p.79.

253 Sandel. *Democracy's Discontent*, pp.25~26.

그리하여 그는 공화주의적 자유는 시민적 덕이 뒷받침해야 하는 것이고 그것을 배양하는 특정한 양식의 정치적 삶을 살 것을 인간에게 요구한다고 주장한다. 아리스토텔레스가 주장하듯 시민적 덕과 참여가 자유의 본질에 내재해 있다는 것이다. 즉 정치적 동물로서 인간은 공동선에 대한 심의에 참여할 수 있는 능력을 보유하고 공화국의 공적 생활에 참여할 수 있을 때 비로소 자유롭다는 것이다. 그는 앞서 본 페티트와 스키너와 같이 이러한 덕과 참여를 자유의 본질이라기보다는 수단으로 보는 공화주의 자유론도, 즉 공동선보다는 개인의 목적을 추구하는 것이 중요하다고 보는 견해도, 정치적 공동체의 자유를 보존할 때 비로소 그것이 가능하다고 본다는 점을 강조한다. 그러한 견해도 정치적 공동체의 자유를 위해서는 사적 이익보다는 공동선을 우선시해야한다고 주장하는 점에서는 자신의 자유론과 일치한다는 것이다.[254] 이점은 앞서 보았듯이 스키너와 페티트가 롤스를 비판할 때 했던 언명이다. 즉 그들도 자유는 자유 국가 안에서만 가능하다고 주장했던 것이다.

여기서 샌델은 자유가 정치 체제와는 관련이 없는 개념이라는 벌린의 주장을 상기한다. 앞서 보았듯이 벌린은 분명히 자유는 민주주의나 자치와 논리적으로 연관되지 않는다고 주장하지 않았던가? 개인의 사적 자유와 민주적 지배는 반드시 필연적으로 연결되지는 않는다는 것이다. 샌델은 이러한 자유주의 자유론은 홉스에게서 연유한다고 주장한다. 앞서 보았듯이 홉스는 국가의 자유와 개별적 인간의 자유를 혼동한 고대인들의 자유관을 야유한다. 아테네나 로마가 자유 공화국일지는 모르나 그 사실이 반드시 거기 살았던 개인들이 자유로웠다는 것을

---

254 *Ibid.*, p.26.

보증하지는 못한다는 것이다. 그러한 공화국에 살았던 인간들이 왕국에 살았던 인간들보다 더 자유로웠다고 말 할 수 없는 이유는 자유는 단지 국가에 대한 복종과 봉사로부터 면제되는 만큼 보장되기 때문이라는 것이다. 즉 자유는 지배의 어떤 특정 양식과는 상관이 없다는 것이다.[255]

샌델은 이러한 자유론의 차이가 곧 두 가지 다른 질문으로 이어진다고 주장한다. 자유주의는 정부가 그 시민을 어떻게 다루는가를 물으면서 시민들이 그들 자신의 다양한 이익과 목표를 추구할 때 그들을 공정하게 대할 수 있는 정의의 원리를 추구한다. 반면에 공화주의는 시민들은 얼마나 자치 능력을 보유하고 있는가를 물으면서 그것을 뜻있게 실행할 수 있도록 해 주는 정치적 형태와 사회적 조건들을 추구한다는 것이다. 그리하여 양자는 서로 상대방을 의심의 눈초리로 바라본다.

자유주의는 공화주의의 자치에 대한 강조가 개인의 권리가 다수의 전제에 의해 훼손당할 수 있게 할 위험성이 있다고 비판한다. 더구나 자유는 시민적 덕에 의존한다는 공화주의의 줄곧 된 주장은 국가가 강압적으로 시민의 성격을 결정할 수 있게 해 줄 위험성도 내포하고 있다는 것이다. 반면에 공화주의는 자유주의가 시민을 국가의 보호 대상으로 보고 자치의 당사자라는 점은 망각할 때 그것은 시민들로부터 권력을 빼앗아가는 것과 마찬가지라고 비판한다. 자유가 시민의 정체성이 공적 책임감에 의해 규정될 것을 요구한다면, 자유주의의 가치중립적 국가는 시민의 자유인으로서의 지위를 보호하기 보다는 그것을 회피하는 것이 되리라는 것이다.[256]

---

255 *Ibid.*, pp.26~27.
256 *Ibid.*, p.27.

샌델은 이러한 공화주의적 자유론은 경제적 문제와도 연관된다고 주장한다. 그는 공화주의적 자유론의 관점에서 보면 임금 노동자들은 결코 자유롭지 못하다고 말한다. 물론 자유주의적 관점에서 보면 노동자들이 임금의 조건에 자발적으로 동의했고 계약 과정에 강요나 압력이 존재하지 않았다면 임금 노동자들은 자유롭다. 그러나 공화주의적 관점에서 보면 자치에 참여할 수 있을 때 자유롭고 이를 위해 자신의 인품을 배양해야 하는데 임금 노동자들은 경제적으로 종속되어 있어서 그럴 수 없다는 것이다. 오로지 자유노동자들만이 자치에 참여하는 시민이 될 수 있는 능력을 배양할 수 있다는 것이다. 고용주가 지급하는 임금에 의존하는 무산대중 임금 노동자들은 자유 시민으로서 자신들을 위한 판단을 할 수 있는 정치적 독립성을 결여할 수밖에 없다는 것이다.[257]

그에 의하면 1810년대 미국인들은 장인들과 농부들과 같이 자신의 생산 수단을 소유한 소생산자들은 공화주의적 자유를 실천할 수 있는 자유노동자라고 보았다. 그리하여 그들은 자신들이 공화국의 일부요 덕의 화신이라고 자부하고 있었다는 것이다. 그러나 1830년대 이후 그리고 남북전쟁 이후 본격적으로 금융과 산업 자본이 미국을 점차 지배하면서 임금 노동이 보편화됨으로써 경제에서 공화주의적 자유는 사라지고 오직 계약의 자유만을 앞세우는 자유주의적 자유가 그 자리를 차지하게 되었다고 개탄한다.[258] 따라서 그는 앞서 보았듯이 공화주의적 자유를 현실에서 실천하려고 하면 오늘날의 경제 체제가 자치로서의 자유를 실현하는 데 호의적으로 구성되어 있는가를 물어야 한다고 주장한다.

---

257 *Ibid.*, p.169.
258 *Ibid.*, p.170.

5. 맺음말

샌델의 이러한 주장은 자유주의에 의해 훼손된 사회의 공공성을 회복해야 한다는 그의 실천적 희망의 표현이다. 그것은 모든 것을 개인의 선택에 맡기고 국가는 중립을 지키고 공정한 절차만을 따를 것을 시민들에게 요구함으로써 개인을 해방시키고 활성화시켰다는 자유주의의 위선을 폭로하고 새로운 공공성의 철학을 모색한 것이었다. 그는 그 철학을 적극적 행동적 시민성을 인간의 본래적 가치로 상정한 아리스토텔레스적 공화주의에서 찾았다. 그것은 바람직한 인간의 좋은 삶을 인간의 수월성을 발휘해 판단하고, 토의하고, 설득하고, 행동해 하나의 전체로서 공동체의 운명에 대한 책임감을 증진시키는 삶이라고 규정한다. 이러한 시민적 참여는 결코 도구적 수단이 아니라 그 자체가 인간성을 만개시키는 본질적인 선이라는 것이다.[259] 이러한 그의 주장은 이제 다시 시민적 덕을 실천하여 공동선을 추구하는 삶이 좋은 삶이라는 확고한 인식을 우리 모두 내면화시키지 않으면 사회적 공공성은 회복되기 어렵다는 것을 말하려고 하는 것이다.

그렇다고 해서 그가 다수가 정한 공동선에 대한 소수의 반발을 악이요 부패의 표현이라고 보지는 않았다. 그는 공동선은 통일된 하나이고 도전할 수 없다는 루소 식의 원리를 거부한다. 소수에 대한 배려와 친절한 설득은 민주 공화국 안에서 통용되는 철칙이어야 한다는 것이다.[260] 그러나 분명한 것은 시민적 덕에 일치하지 않는 개인적 선호는 종국적으로는 자유를 제한하는 것이기 때문에 그러한 욕망에 대항하

---

259 *Ibid.*, pp.325~326.
260 *Ibid.*, pp.318~320.

는 집단적 판단은 존중되어야 한다는 것이다.**261** 그는 개인의 의지적 선택은 공적인 일에 대해 알아야 한다는 것, 전체에 대해 관심을 가져야 한다는 것, 위기에 처한 공동체와 도덕적 유대감을 느껴야 된다는 것과 같은 도덕적 요청에 의해 견제되지 않으면 안 된다고 역설한다. 즉 시민적 덕은 저절로 생기는 것이 아니기 때문에 그러한 도덕적 요청을 받아들일 수 있는 시민을 육성할 수 있는 기획이 필요하다는 것이다. 그것은 시민의 정신 속에 자치가 요청하는 역량을 키우는 것이다.**262**

샌델은 좋은 시민이 되기 위해서는 교양, 관용, 절차순응, 효율성과 같은 자유주의적 덕목만으로는 모자란다고 단언한다. 그것은 목적을 추구하는 방식만을 제한할 뿐이라는 것이다. 따라서 그는 좋은 시민을 육성하기 위한 기획에는 본질적 덕을 형성시키기 위해 개인들의 목적 설정에 실제적 제한을 가하는 것이 포함되어야 한다고 주장한다.**263** 이것은 자치를 위해 함께 행동할 수 없는 자유주의의 무연고적 자아론을 거부하는 것이다. 그렇다고 해서 그가 윤리적 모호성을 근절하려는 근본주의를 지향하는 것은 아니다. 그는 우리 시대의 특징적인 시민적 덕은 경우에 따라서는 종종 모순되기도 하는 의무들 가운데서 우리의 길을 타협하는 능력이라고 말한다. 즉 주워진 상황에 다원적으로 대처할 수 있는 자아로서 생각하고 행동하는 시민을 육성해 내야 한다는 것이다.**264** 샌델은 이러한 시민들이 참여와 연대의 덕을 발휘할 때 비로소 사회의 공공성은 회복될 수 있다고 본 것이다.

---

261 *Ibid.*, pp.25-26.
262 *Ibid.*, pp.5-6.
263 *Ibid.*, pp.306, 309.
264 *Ibid.*, pp.350-351.

앞서 말했듯이 샌델의 공화주의는 포칵의 주장에 근거하고 있다. 즉 근대 세계의 공화주의자들이 아리스토텔레스의 시민적 덕의 윤리를 실천하는 삶을 인간이 추구해야 할 좋은 삶이라고 보았다는 것이다. 여기에 대해 앞서 본 2세대 공화주의 연구의 대표격인 페티트는 우려를 표하고 이를 비판한다. 페티트는 샌델이 자유주의를 '가치 지향적이지 않은 중립주의'('no-value neutralism')로 비판하는 것은 이해하면서도 그의 비판이 자칫 도덕주의적 열정주의로 흐르지 않을지 염려한다. 즉 그것이 공적 토론의 장으로 이제는 시류에 뒤처진 불만에 가득 찬 도덕주의적 목소리들 모두를 끌어들일 수도 있다는 것이다. 따라서 공화주의가 가치 지향적이지 않은 중립주의를 거부하는 것은 자신이 주창한 비지배의 원리가 법과 정부의 지침이 되는 전반적인 가치로 인정될 때 가능하다는 것이다. 그는 그렇게 하는 것이 각자가 자신의 삶을 나름대로 추구하지만, 즉 각자가 무엇이 좋은 삶인지는 알아서 결정하지만, 비지배로서의 자유의 중립적 가치를 매우 중요한 선으로 받아들이는 것이라고 주장한다. 그리고 이것을 그는 '공유한 가치를 지향하는 중립주의'('shared-value neutralism')라고 부른다.265

그렇다면 양자의 공화주의는 본질적으로 다른 것일까? 그렇지는 않다. 페티트는 공화주의의 지배의 부재로서 자유는 주된 선의 하나로서 인간들이 어떤 가치와 목적을 추구하던지 간에 반드시 필요로 하는 것이라고 주장한다.266 즉 그것은 자유주의자들이 주장하듯이 인간들이 자신들이 알아서 추구할 수도 안 할 수도 있는 선 가운데 하나는

---

265 Philip Pettit, "Reworking Sandel's Republicanism" in Anita L. Allen and Milton C. Regan, Jr. eds. *Debating Democracy's Discontent, Essays on American Politics, Law, and Public Philosophy* (Oxford; Oxford University Press, 1998), p.55.

266 Philip Pettit, *Republicanism*, p.90.

아니라는 것이다. 또한 그는 그것은 인간들이 각자를 위해 정치적 연대와 참여를 통해 공동으로 추구해야 하는 선이라고 주장한다. 그리하여 그것은 그러한 시민적 참여를 통해 법이 만들어지는 자유 국가 안에서만 가장 잘 추구될 수 있다는 것이다.[267] 샌델도 자신과 페티트가 일치하는 점이 바로 이점이라고 강조한다. 샌델에 따르면 공화주의는, 그것이 롤스 식으로 시민적 휴머니즘이던 고전적 공화주의이던 간에, 정치적 공동체가 자유 공동체가 될 때, 즉 그 공동체가 구성원의 참여를 통한 공동의 결정에 따라 운영될 때, 비로소 개인의 자유도 가능하다고 주장한다는 것이다. 그리고 그러한 공동체의 자유를 위해서는 사적 이익보다는 공동선을 우선시해야 한다고 주장한다는 것이다.[268]

이러한 동류성에도 불구하고 샌델은 자신의 공화주의를 페티트의 그것과 구분한다. 샌델은 페티트의 공화주의를 길들여진 공화주의라고 비꼰다. 그러면서 그는 자신이 지향하는 공화주의는 바로 페티트가 도덕주의적 열정주의라고 비판한 바로 그것을 되살리려는 것이라고 단언한다. 왜냐하면 현재 미국인들의 정치적, 도덕적 열정이 너무 식어 있기 때문이라는 것이다. 그리하여 오늘날 미국인들은 자신들에게 가해지는 경제적 불평등과 그것을 야기하는 특정 이해 집단의 권력에 맞서지 못하고 있다고 그는 개탄한다. 바로 페티트가 말하는 지배의 부재로서 자유를 추구할 동력을 미국인들은 잃어버렸다는 것이다. 그것은 바로 자유주의의 중립주의와 절차주의가 미국인들의 시민성을 약화시켰기 때문이라고 그는 진단한다. 따라서 그는 자유주의 헤게모니에 맞서는 공화주의라면 시민적 참여/덕의 삶을 도구적 가치가 아니

---

267 *Ibid.*, 274.

268 Michael Sandel. *Democracy's Discontent*, p.26.

라 본질적 가치로 보는 아리스토텔레스적이고 포괄적인 공화주의가 되어야 한다고 역설한다.[269]

이러한 샌텔의 공화주의는 종종 공동체주의로 오해받기도 한다. 물론 공화주의 전체가 공동체주의와 혼동되기도 한다. 왜냐하면 공화주의가 자유주의의 개인주의적 성향을 비판의 표적으로 삼기 때문이다. 그러나 샌델은 공화주의와 공동체주의가 별개의 것임을 강조한다. 공동체주의는 공동체의 구성원은 특정 공동체의 관습적이고 지배적인 가치에 의해서만 정체성을 형성하고 권리를 보장받는다고 보지만, 공화주의는 공동체를 문화와 혈연의 공동체가 아니라 보편적 시민적 삶의 공동체로 본다는 것이다. 그는 이 차이를 역사적 예를 들어 설명한다. 마틴 루터 킹 목사의 민권을 위한 행진과 신 나치들의 홀로코스트 생존자들에 대한 증오의 연설을 위한 행진의 경우, 공동체주의는 양자를 모두 거부할 것이다. 왜냐하면 킹 목사가 행진하려고 했던 남부에서는 흑백차별이, 신 나치들이 행진하려고 했던 일리노이의 스코키에서는 나치에 대한 증오가, 그 지역 공동체의 관습적이고 지배적인 가치이기 때문이라는 것이다. 그러나 공화주의는 공동체를 보편적 가치로서 시민적 평등이 실현되어야 할 곳으로 보기 때문에 킹 목사의 민권 행진은 허용하고 신 나치 행진은 금지시키는 정책을 입안하고 집행할 수 있다는 것이다.[270] 또한 그는 앞서 보았듯이 공동체주의가 빠질 수 있는 통일된 하나로서의 공동체라는 관념에 빠지지 않았다. 그리하여

---

269 Michael Sandel, "Reply to Critics" in Anita L. Allen and Milton C. Regan, Jr. eds. *Debating Democracy's Discontent, Essays on American Politics, Law, and Public Philosophy* (Oxford; Oxford University Press, 1998), pp.325~327.

270 Michael Sandel, *Liberalism and the Limits of Justice*, 2nd edn (Cambridge; Cambridge University Press), pp.xiv~xvi.

일반의지에 의해 결정된 공동선에 대해서는 도전할 수 없다는 루소의 주장을 거부한다. 공동체 내의 소수는 배려와 설득의 대상이지 억압의 대상이 아니라는 것이 그의 지론이다.[271]

이렇게 볼 때 샌델의 공화주의는 자유주의가 지니고 있는 문제점을 지적하고 대안을 제시하면서도 자유주의와 또 하나의 대척점에 있는 공동체주의의 방식을 따르지는 않았다. 이 점은 공화주의가 일반적으로 지니고 있는 특징이기도 하다. 일찍이 한나 아렌트가 말했듯이 공화국의 동료 시민이 된다는 것은 끈끈한 정을 함께 나눈다는 것이 아니다. 즉 공화국이라는 공동체는 가족애에 바탕을 둔 혈연 공동체 같은 것이 아니다. 오히려 동료 시민들은 각자 냉철한 판단에 따라 서로를 평가하면서 비편파적으로 연대하는 삶을 살아야 한다. 시민적 우애는 친밀성과 폐쇄성이 없는 우애이다.[272] 앞서 보았듯이 샌델이 말하는 주어진 상황에 다원적으로 대처할 수 있는 자치 능력을 지닌 시민의 육성도 바로 이러한 시민을 육성하자는 것이다.

---

271 Michael Sandel. *Democracy's Discontent*, pp.318~320.

272 Hannah Arendt, *Human Condition* (Chicago; Chicago University Press, 1958), pp.191, 243.

제7장

필립 페티트:
'비지배'의 포괄적 공화국을 향하여

제7장
필립 페티트: '비지배'의 포괄적 공화국을 향하여

1. 머리말

공화주의가 서양의 사상사 학계와 정치 학계에서 논의된 지 이미 한 세대가 흘렀다. 지난 세기 70년대 후반부터 본격화된 이 논의는 자유주의의 문제점을 지적하고 그 대안을 찾는 데 초점을 맞추었다. 자유주의의 문제점이란 다름 아닌 개인주의의 폐해였다. 자유주의가 개인의 사적 권리에 대한 옹호에 집착한 나머지 사회 혹은 공동체가 담보해야 하는 공공성이 심각하게 훼손되자 이를 막기 위한 지적 작업의 일환으로 공화주의에 대한 연구가 등장하게 되었던 것이다. 지난 세기 이러한 공화주의 연구의 대미를 장식한 인물은 필립 페티트였다. 그는 1970~1980년대를 풍미하던 존 포칵의 공화주의 연구의 맥을 이으면서도 한편으로는 그것과는 다른 방식으로 공화주의를 규정함으로써 오늘날의 공화주의 연구와 담론의 중심에 자리 잡았다.[273]

그는 포칵과 마찬가지로 서양 정치 사상사에 19세기 이래 헤게모니를 장악하고 있는 자유주의와는 구별되는, 더 나가 민주주의의 구현에 자유주의보다 더 공헌할 수 있는, 공화주의라는 이념이 존재했다고 주장한다. 그리고 그 계보를 고대 그리스 로마의 고전적 지식인들에서 부터 시작해 르네상스 시기의 마키아벨리를 거쳐 17세기 영국 혁명기의 밀턴, 해링턴, 시드니와 같은 의회파 지식인들과 뒤를 이은 18세기 영국의 재야 반정부 지식인들과 미국 독립 혁명기의 제퍼슨과 같은 혁명가들에게 이어지는 것으로 설정한다.

이러한 공통점에도 불구하고 포칵이 공화주의의 핵심을 정치적 참여를 통한 인간의 자아실현이라고 규정한 것과는 달리, 페티트는 그것을 자의적 지배와 간섭으로부터 벗어나는 자유의 구현이라고 단언한다. 포칵이 그 원형을 아리스토텔레스의 "정치적 동물"(*zoon politikon*)로서의 인간에 대한 논의에서 찾는다면, 페티트는 로마의 정치사상과 역사 서술 그리고 법에서 나타나는 자유인 대 노예의 구분에서 찾는다. 굳이 명칭을 붙인다면 포칵의 공화주의를 아테네적 공화주의라고 한다면, 페티트의 그것은 로마적 공화주의라고 할 수 있다.

이러한 페티트의 공화주의론은 그 동안 공화주의를 공동체주의와 혼동해 오던 인식의 오류를 극복하여 공화주의를 다원주의 사회에 적합한 정치적 이념으로 바꾸려고 하는 것이었다. 이러한 그의 노력은 공화주의을 개인보다는 전체를 우선시하는 전체주의의 변종으로 보려는 서양 주류 사회와 학계의 의심을 걷어내면서도 한 편으로는 자유주의의 문제점을 비판하고 그 대안을 마련하기 위한 것이었다.

---

273 Philip Pettit, *Republicanism: A Theory of Freedom and Government* (Oxford, 1997)

2. 포칵 공화주의와의 차이점

페티트는 공화주의자들의 화두는 포칵이 말하는 덕이 아니라 자유의 본질은 무엇이며 그것은 어떻게 유지될 수 있을까하는 자유론의 문제였다고 주장한다. 그는 공화주의자들이 자유를 단순히 간섭의 부재가 아니라 자의적 권력 혹은 자의적 지배와 그 가능성의 부재로 규정하면서 그러한 자유는 오직 공동의 동의를 얻어 제정된 법에 의해 지배되는 자유 국가 안에서만 가능하다고 단언했다고 주장한다. 페티트는 이러한 공화주의적 자유를 '지배의 부재'(non-domination)라고 규정하여 그것을 '간섭의 부재'(non-interference)로서 자유주의적 자유와 극명하게 대립시킴으로써 학계의 논의를 주도하고 있다.[274]

또한 그는 공화주의적 자유가 일찍이 벌린이 규정했듯이 자아실현이라는 의미의 적극적 자유가 아니라고 강조하면서 그것을 적극적 자유라고 생각하는 포칵과는 분명한 선을 그었다.[275] 최근 이러한 포칵의 공화주의에 입각해 적극적 자유론으로서 공화주의 자유론을 설파한 지식인은 미국의 정치철학자 샌델이었다. 그는 자유주의의 자아론 대한 비판에 기초해 자유주의의 소극적 자유론을 비판한다. 그는 앞서 본 그린, 듀이, 아렌트처럼 인간을 본질적으로 공동체적 존재로 상정한다. 즉 자유주의가 말하는 것처럼 공동체로부터 독립된 개별적 자아란 존재하지 않는다는 것이다. 자아는 공동체적 관계의 산물이라는 것이다. 그리하여 개인이 자기의지대로 공동체를 선택하는 것이 아니라,

---

274 *Ibid.*, pp.1~50.

275 Isaiah Berlin, "Two Concepts of Liberty" in *Four Essays on Liberty*, pp.118~172; J,G.A. Pocock, *Machiavellian Moment* (Princeton, Princeton University Press, 1993 org.1975), pp.553~583.

오히려 공동체가 자아를 형성시킨다는 것이다.276

이러한 자아론에 입각해 자유주의의 자유론은 개인이 자신이 원하는 것을 선택할 수 있는가의 문제에 초점을 맞추고 있다고 샌델은 주장한다. 즉 그것은 개인의 사적인 선택에 관한 소극적 자유론이라는 것이다. 그러나 공화주의 자유론은 그 이상을 추구한다. 그것은 자치 행위에 자기 몫을 행사할 수 있느냐에 초점을 맞추는 적극적 개념이라는 것이다. 그것은 동료 시민들과 함께 공동선을 심의하고 정치 공동체의 운명을 결정하는데 일조할 때 비로소 자유롭다고 보는 것이다. 즉 자유는 곧 자치라는 것이다. 그는 토크빌을 인용하면서 미국의 읍민회의가 곧 자유의 산실이었다고 본다.277

따라서 샌델은 자유롭기 위해서는 공공의 일에 대한 지식을 가져야 하고, 소속감이 뚜렷해야 하며, 부분보다는 전체에 관심을 두어야 하고, 사회적 약자들과 도덕적 유대감을 지녀야 한다고 주장한다. 즉 자치 행위에 참여로서의 자유는 포칵이 말하는 시민적 덕을 요청한다는 것이다. 이렇게 볼 때 공화주의적 자유론은 우리가 어떻게 물어야 할지도 잊고 있었던 문제들을 제기할 것을 요청한다고 샌델은 주장한다. 과연 우리의 경제 체제는 우리의 자치로서의 자유에 호의적으로 구성되어 있는가? 어떻게 정치적 담론들은 도덕적 문제들을 회피하지 않고 공적 영역으로 끌어올 수 있을까?278

그에 의하면 자유주의 자유론에 의하면 민주주의는 단순히 인민들이 선택하고 원하는 것을 줄 수 있는가의 문제라고 본다. 그러나 자치

---

276 Michael Sandel, "The Procedural Republic and the Unencumbered Self", *Political Theory*, 12 (1984), pp.81~96.

277 Sandel, *Democracy's Discontent, America in Search of Public Philosophy*, p.27.

278 *Ibid.*, pp.4~7.

로서의 자유를 주장하는 공화주의 자유론이 실현되면 시민들은 자신들의 선택과 욕구에 대해 성찰할 기회를 갖고 때로는 공동선을 위해 그것을 희생하기도 할 것이라고 주장한다.[279] 샌델은 여러 저술을 통해 이러한 공화주의 정신이 자유주의의 헤게모니 장악으로 미국에서 어떻게 시들어져 갔는지를 역사적으로 보여 주면서 다시 그 정신을 부활시켜야 한다고 역설하고 있다.

이렇듯 덕을 강조하는 포칵 식의 공화주의에 대한 비판은 일찍부터 있어 왔다. 참여라는 정치적 행위를 통해서만 인간은 자기를 실현할 수 있다는 생각, 개인적 선을 초월해 공동선이 존재한다는 믿음과 같은 공화주의의 핵심적 요소들은 오늘날 현대 사회와는 맞지 않는다는 것이다. 오늘날 누가 우리 모두가 공통적으로 추구해야 하는 공동선이 존재하며 정치적 참여를 통해서만 인간이 인간다워진다고 생각하느냐는 것이다. 만일 그렇게 생각하는 사람들이 있다면, 그것은 환상이거나 전제적 발상일 뿐이라는 것이다.[280] 이러한 주장의 연장선 위에서 페티트도 포칵의 생각과는 달리 공화주의자들이 자유를 논할 때 그것을 곧 정치적 참여를 통한 자아실현과 동일시하지 않았다고 단언한다. 공화주의자들은 정치적 참여는 단지 자유를 누리기 위한 수단일 뿐이라고 생각했다는 것이다. 페티트의 공화주의론은 공화주의를 현대의 다원주의적 민주주의의 요구에 적용될 수 있도록 한 것이다.[281] 즉 그것은 아리스토텔레스적인 목적론적 공화주의에서 도구론적 공화주의

279 Sandel, *Public Philosophy*, (Cambridge, Mass. 2006), p.79.

280 Richard H. Fallon, Jr., "What is Republicanism and is it Worth Reviving?" *Harvard Law Review*, 52 (1989), pp.1698~1699.

281 Melvin L. Rogers, "Republican Confusion and Liberal Clarification", *Philosophy and Social Criticism*, v.34 n.7 (2008), p.800.

로 공화주의의 성격을 바꾸는 것이다.[282]

그는 이러한 관점에서 샌델을 비판한다. 샌델이 자유주의를 몰가치적 중립주의라고 비판하는 것은 옳지만 그렇다고 해서 정치적 참여를 통한 자아실현만이 유일한 가치는 아니라는 것이다. 페티트는 대신 가치를 공유하는 중립주의를 내세운다. 즉 그가 공화주의의 기본 원리가 주장하는 '지배의 부재'로서 자유를 공동체 구성원들이 공유하는 포괄적 원리로 삼고 구성원들의 삶의 목적은 각자 알아서 추구하면 된다는 것이다. 그렇지 않으면 공화주의는 도덕주의자들의 열정적 훈시로 변할 수 있다는 것이다. 만일 모든 구성원들이 추구해야 할 공동선 하나를 설정한다면 그것은 모든 삶의 국면에 적용되어야 하지만, 구성원들이 어떤 가치를 추구하던지 간에 '지배의 부재'로서의 자유를 집단적, 정치적 행위의 기초로서 설정해 놓으면 누구든지 그것에 의해 보호받을 수 있다는 것이다. 예를 들어 동성애와 낙태를 둘러싼 논쟁의 경우, 샌델은 자유주의 국가가 가치중립성의 원리에 의해 개인들의 판단에만 맡기는 것을 비판하고 있지만 그것이 참여를 통한 자치의 실현이라는 원리에 의해 해결될 수는 없다고 페티트는 비판한다. 즉 이 문제는 덕을 강조하는 대신 '지배의 부재'로서 자유라는 원리를 수립될 때 그리하여 소수자들과 약자들이 자의적인 지배를 당하지 않을 때 비로소 해결된다는 것이다. 따라서 그는 그 원리를 분파적 세력의 반대에 맞서 제도화하는 것이 중요하다고 강조한다.[283]

---

282 Shelly Burtt, "The Politics of Virtue Today: A Critique and a Proposal", *American Political Science Review* 87 (1993), p.360.

283 Pettit, "Reworking Sandel's Republicanism", *Journal of Philosophy*, 95, 2 (1998), pp.73-96.

3. 페티트의 자유론: '지배의 부재'로서 자유

페티트의 자유론의 핵심은 그와 같이 공화주의의 본질이 덕이 아니라 자유에 대한 논의였다고 주장하는 스키너의 자유론을 비교하면 좀 더 명확하게 드러난다.[284] 스키너는 자유를 지배의 부재와 함께 간섭의 부재도 포함하는 것이라고 보지만, 자신은 단지 지배의 부재로만 볼 뿐이라는 것이다. 즉 스키너는 간섭의 부재가 자유의 필요조건이지만 충분조건은 아니라고 보는 반면, 페티트는 그것이 필요조건도 충분조건도 모두 아니라고 단정한다. 그는 공화주의 자유론의 핵심은 간섭의 부재 여부가 아니라 오로지 지배의 부재 여부일 뿐이라고 단언한다. 이는 간섭받는다고 해서 언제나 자유가 침해당한다고 보아서도 안 되고, 또한 오직 간섭만이 자유를 침해한다고 보아서도 안 된다는 것이다. 예를 들어 민주주의적 원칙에 의해 정당하게 제정된 법에 의해 간섭받는 것이 자유를 침해하는 것도 아니고, 언제든지 마음만 먹으면 자의적으로 간섭할 수 있는 역량을 지니고 있는 지배자 혹은 지배 집단이 피지배자들에게 온정과 자비를 베풀어 간섭하거나 강압적으로 대하지 않는다고 해서 그들이 자유로운 것은 아니라는 것이다.[285]

그는 공화주의자들이 역사의 무대에서 주장하고 실현하려고 했던 자유는 바로 이러한 지배의 부재로서 자유였다고 주장한다. 이 때 지배는 자의적 간섭을 할 수 있는 역량을 지니고 있는 것을 말한다. 그는 다시 한 번 공화주의적 자유가 벌린이 말하는 적극적 자유가 아니라고

---

[284] 스키너의 자유론에 대해서는 Quentine Skinner, *Liberty before Liberalism* (Cambridge, 1998).

[285] Philip Pettit, "Keeping Republican Freedom Simple, On a Difference with Quentin Skinner", *Political Theory*, 30, 3 (2002), pp.339~356.

말한다. 왜냐하면 공화주의자들은 자유롭기 위해서는 자신이 자신의 지배자가 되어야 한다는 것이 아니라 남이 내 지배자가 되어서는 안된다고 주장했기 때문이다. 그리고 그들은 남이 내 지배자가 되지 못하도록 어떤 체제와 제도를 갖추는 데 참여하는 것 그 자체가 자유라고 보지는 않았다는 것이다. 그것은 어디까지나 자유를 누릴 수 있는 수단일 뿐이다.

이러한 관점에서 그는 그러한 체제와 제도를 수립하는 데 적극적으로 참여하여 자신이 그 입법 과정에 참여한 공동체의 법에 의해서만 지배받을 때 그리하여 스스로가 자신의 주인이 될 때 인간은 비로소 자유롭다는 루소 식의 자유론을 배격한다. 페티트는 그러한 성격의 자유론을 공화주의 자유론이 아니라 공동체주의 자유론이라고 구별한다. 그는 이러한 공동체주의가 공화주의가 아니라고 강변하면서 공동체주의 철학자인 알라스데어 맥킨타이어와 마이클 샌델의 예를 들어 그들의 주장은 도덕의 과잉을 초래할 뿐이라고 비판한다. 즉 덕과 자유를 동일시해서는 안 된다는 것이다.[286]

그는 오히려 소위 공동체주의자들이 자유주의 사상가로 분류하는 로크의 자유에 대한 규정을 공화주의적 자유론의 대표적인 예라고 제시한다. 로크는 '자유는 누구나 자신이 원하는 것을 할 수 있는 것이 아니라 다른 사람의 변덕스럽고, 불분명하고, 알 수 없는 자의적 의지에 예속되지 않는 것'이라고 규정했다는 것이다. 그는 로크가 비록 공화주의와는 거리를 두고 있었지만 자유에 대한 생각에서 만큼은 그

---

[286] Philip Pettit, "Liberal/Communitarian : MacIntyre's Mesmeric Dichotomy", in John Horton and Susan Mendus, ed. *After MacIntyre, Critical Perspectives on the Work of Alasdair MacIntre* (Cambridge, 1994), 176~204; "Reworking Sandel's Republicanism", *Journal of Philosophy*, 95, 2 (1998), pp.73~96.

전통에 충실했다고 평가한다.[287] 이러한 그의 언급은 벌린과 하이예크와 같은 자유주의자들이 공화주의를 20세기의 전체주의와 연결시키려는 의심을 불식시키기 위한 작업의 일환이라고 할 수 있다. 그러나 한편으로는 이러한 페티트의 태도가 공화주의와 자유주의의 차이점을 불분명하게 만드는 것이라는 비판이 제기되고 있다.[288]

이에 대해 그는 자신의 공화주의 자유론은 사회 민주적 기획의 일환이라고 맞선다. 즉 자신은 자유를 간섭의 부재가 아니라 지배의 부재로 규정함으로써, 국가와 사회의 정당한 민주적 입법을 통한 간섭마저도 자유의 이름으로 배격하려는 자유주의자들의 헤게모니에 도전했다는 것이다. 그는 간섭만이 그리고 간섭은 언제나 자유를 침해한다는 주장을 자유주의자들은 어떻게 옹호하고 공화주의자들은 어떻게 배격하는지를 역사적으로 추적한다. 17세기 공화주의자인 해링턴은 인민의 의지에 일치하는 것이고 타인의 자의적 지배로부터 보호하기 위한 것이라면 그 어떤 간섭도 자유를 침해하지는 않는다고 주장함으로써 영국 혁명을 정당화하였다. 18세기 공화주의자인 프라이스는 간섭만이 자유를 침해하는 것이 아니라 종속적 지위에 처해 있으면 간섭을 받지 않아도 자유롭지 못하다고 주장하면서 아메리카 식민지인들의 영국에 대한 저항을 옹호하였다. 노예는 아무리 인자한 주인을 만나도 자유를 누릴 수 없다는 것이다. 18세기 공화주의 법학자인 블랙스톤은 로크가

---

287 Philip Pettit and Frank Lovett, "Neorepublicanism: A Normative and Institutional Research Program", *Annual Review of Political Science*, 12 (2009), p.15.

288 대표적으로 마이클 샌델은 페티트의 공화주의를 '길들여진'(tame) 공화주의라고 비꼬면서 그것으로는 자유주의 사회의 모순을 극복할 수 없다고 비판한다. Michael Sandel, "Reply to Critics" in Anita L. Allen and Milton C. Regan, Jr., ed. *Debating Democracy's Discontent, Essays on American Politics, Law, and Public Philosophy* (Oxford, 1998), pp.325~327.

이미 언급했듯이 이렇게 제정된 법은 자유를 억압하는 것이 아니라 오히려 그것을 견고하게 하고 확장하는 것이라고 못 박았다.

이러한 주장은 자의적 지배를 행사하거나 행사할 수 있는 가능성이 존재하는 나라에서는 그 누구도 자유로울 수 없다는 명제로 귀결된다. 즉 자유 국가에서만 인간은 자유로울 수 있다는 것이다. 영국 혁명과 아메리카 혁명은 단지 간섭에서 벗어나기 위해서가 아니라 자유 국가를 만들어 그 안에서 자유롭기 위해 인민들이 일으킨 것이다. 그러나 자유주의의 원조 격에 해당하는 홉스, 벤담, 린드, 펠리와 같은 사상가, 법학자들은 영국 혁명과 아메리카 혁명의 이와 같은 대의를 부정하면서 자유란 간섭의 부재일뿐이요 법도 그 어떤 행위들을 못하게 하는 것이기 때문에 인간을 자유롭게 하는 것은 아니라고 주장했다. 따라서 인간은 소위 민주 국가, 자유 국가에서 살던 전제 정부 하에서 살던 법이 금지하지 않는 것만큼만 자유롭다는 데서 매한가지라고 주장한다. 페티트에 의하면, '자유주의는 타인들을 지배할 수 있는 권력을 지니고 있는 인간들이 그 권력을 행사하지 않는 한 그리고 그렇게 할 성향을 지니고 있지 않는 한 그러한 권력을 지니고 있다는 것 자체가 억압적인 것이 아니라고 가정한다.' '권력에 대한 이러한 상대적 무관심'으로 인해 자유주의자들은 지배에 근거한 '관계에 관대하다.'[289] 또한 자유주의자들은 빈곤을 해소하는 일, 안전을 제공하는 일에 대한 관심은 자유에 대한 관심과는 특별히 관계가 없다고 본다. 그것은 '평등, 혹은 복지, 혹은 공리성'과 같은 가치와 관련이 있을 뿐이다. 그러나 '지배의 부재로서 자유'는 여러 가치들 가운데 하나가 아니라 다른 가치들이 거기서부터 나오는 '최고의 정치적 가치'라고 페티트는

---

289 Philip Pettit, *Republicanism: A Theory of Freedom and Government* (Oxford, 1997), p.9.

주장한다.[290]

4. 공동체주의적 원리로서 '지배의 부재'

이러한 논의를 통해 페티트는 왜 지배의 부재로서 공화주의 자유론이 오늘날 더 중요한 것인지 역설한다. 그는 노동자와 여성과 같은 사회적 약자들을 예로 들면서 설명한다. 그들에게 중요한 것은 간섭의 부재가 아니라 지배의 부재라는 것이다. 고용주나 남성 배우자들의 자비에 의해 그들은 간섭받지 않을 수도 있지만 그렇게 얻어진 벌린식의 소극적 자유는 언제라도 회수당할 수 있는 것에 불과하다. 그들의 자유는 그들이 자유인의 지위를 구가할 때 비로소 가능하다. 이를 위해서는 국가와 사회는 정당한 입법 행위 등을 통해서 제도를 만듦으로써 자의적 지배 행위에 간섭할 수 있어야 하는 것이다. 그는 자유주의가 간섭의 부재만을 자유로 규정하는 이유는 바로 이러한 사회적 약자들의 도전을 피해 가기 위한 것이었다고 폭로한다. 그리고 자본주의의 발달로 이러한 자유주의 자유론이 헤게모니를 장악할 수 있었다는 것이다. 따라서 오늘날 자유주의 사회의 모순을 극복하기 위해서는 간섭의 부재를 자유의 충분조건은 물론 필요조건으로도 간주해서는 안 된다는 것이 그의 지론이다.

그는 이러한 관점에서 '지배의 부재'가 그동안 제기되어 왔던 대항담론들의 기저에 깔려 있는 원리라고 주장한다. 즉 사회주의, 페미니즘, 환경주의, 다문화주의 등은 '지배의 부재'라는 원리를 전제하지

---

290 *Ibid.*, pp.80~81.

않고서는 작동될 수 없다는 것이다. 그는 이러한 주장의 밑바탕에는 '지배의 부재'가 공동체주의적 이상이라는 사실이 깔려 있다고 주장한다. 즉 그것은 자유가 개인적인 문제가 아니라 공동체적 문제라는 것이다. 예를 들어 한 노동자 개인이 자애로운 고용주의 자의적 간섭을 받지 않는다고 해서 그 노동자가 자유롭다고 볼 수 없다는 것이다. 그 노동자가 속한 계급 전체가 사회적으로 지배당하지 않을 때 비로소 그 노동자도 진정 자유로울 수 있다는 것이다. 만일 그렇지 않다면 자애로운 고용주 대신 무자비한 고용주가 들어섰을 때 그 노동자는 그 자유를 잃어버리기 때문이다. 여성의 경우도 마찬가지이다. 부인에게 잘 대해 주는 남편을 만난 한 여성이 그렇다고 해서 자유로울 수는 없다. 그 사회에서 여성이라는 집단 전체가 남성의 자의적 지배를 받지 않는 법적 제도적 장치가 되어 있을 때 비로소 그 여성도 진정 자유로운 것이다.[291]

그리하여 페티트는 '지배의 부재'로서 자유를 도시의 자유이지 황야의 자유가 아니라고 말한다. 즉 그것은 사회 구성원 모두가 함께 누리고 지켜나가야 할 사회적 선이자 공동선이라는 것이다. 따라서 그것은 원자론적 개인주의적 기획이 아니라 공동체적인 평등주의적 기획으로 달성될 수 있다고 그는 강조한다. 그 사회, 그 공동체, 그 집단의 자유가 개인의 자유의 기반이기 때문이다. 17세기에 이미 해링턴이 피렌체인들의 자유는 곧 피렌체의 자유가 존재하기 때문에 가능하다고 언급했듯이, 원자적 개인이 단지 타인으로부터 간섭받지 않을 때 자유로운 것이 아니라 그 개인이 속해 있는 집단에 '지배의 부재'로서 자유라는 원리가 수립되어 있을 때 비로소 그 개인도 자유로운 것이다. 페티트는

291 *Ibid.*, pp.120~123.

이것이 프랑스혁명의 지도자들이 신봉한 자유의 관념이라고 주장한다. 그것은 공동체적 이상이었기 때문에 공동체 내에서 정의와 연대가 가능하지 않으면 불가능한 자유였다는 것이다. 불의가 횡횡하고 개인들이 서로 각자의 이익만 추구하는데 혈안이 된 사회에서 내가 남의 간섭을 받지 않는다고 해서 자유롭다고 말하는 것은 어불성설이라는 것이다.[292]

5. 급진적 원리로서 '지배의 부재'

이러한 맥락에서 페티트는 먼저 환경주의에서 공화주의의 '지배의 부재'의 원리가 어떻게 작동되는지를 논한다.[293] 그는 공화주의가 다른 정치 이념들과 마찬가지로 인간중심적 담론임을 인정한다. 그러나 공화주의의 언어가 각별히 다른 종들과 생태계에 대한 환경적 관심에 어떻게 유효한지를 밝힌다. 인간은 다른 종들과 함께 생태계 안에서 살고 있고 바로 그것이 우리의 정체성을 담보한다. 그 안에서 우리는 사회적으로나 자연적으로 고립된 섬이 아니다. 우리 인간과 이러한 환경과의 연계를 고려할 때 어떤 한 개인이 그것을 해치면 곧 우리 전체를 해치는 것이 된다. 그것은 우리의 집단적 생존의 기회와 개인의 건강 그리고 다른 종들과의 공생을 해치는 것이다. 또한 그것은 우리 세대에 직접 영향을 미치지 않는다고 해도 우리 인류 공동체의 미래 세대 시민들을 해치는 것이다. 우리는 이렇듯 환경적 위협에 집단적으

---

292 *Ibid.*, pp.124~126.
293 *Ibid.*, pp.135~138.

로 노출되어 있는 것이다. 그리고 그것은 바로 우리가 누려야 할 '지배의 부재'로서의 자유에 입각한 우리의 선택을 자의적으로 방해하는 것이다. 환경을 위협할 수 있는 개인이나 집단이 직접적으로 우리를 간섭하거나 위협하지 않는다고 해서 문제가 없는 것이 아니다. 그러한 능력을 보유한 개인이나 집단이 존재한다는 것 자체가 그들이 우리를 이렇듯 자의적으로 지배할 수 있고 우리는 그들의 자비에 의존할 수밖에 없는 처지로 내몰린다는 것을 의미한다. 따라서 그는 '지배의 부재'라는 공화주의적 원리에 기초한 국가라면 환경주의를 옹호하지 않으면 안 된다고 주장한다.

다음으로 그는 페미니즘이 어떻게 공화주의적 원리에 기초해 있는지를 밝힌다.[294] 그는 17세기 잉글랜드의 여권론자인 메리 아스텔(Mary Astell)의 언명을 그 시초라고 보고 논의를 시작한다. 그녀는 "인간은 자유인으로 태어났다고 하는데, 어째서 여성들은 노예로 태어났다는 말인가?"라는 도발적인 질문을 던진 후 여성은 남성의 변덕스럽고 불확실한 자의적 의지에 종속되어 있으니 노예와 다를 바가 없다고 분노한다. 그러면서 자유의 본질이 그것에 따라 사는 항시적 규칙을 가지는 것이 아니냐고 반문한다. 페티트는 바로 이것이 18세기 메리 울스튼크래프트와 19세기 밀을 이어 오늘날의 페미니즘에서도 공통적으로 나타나는 핵심적 요소라고 단정한다. 그 어떤 종류의 페미니즘도 남성의 여성에 대한 체계적인 지배를 근본적인 문제로 제기한다는 것이다. 즉 그는 남성으로부터 간섭받기 때문이 아니라 지배받고 있기 때문에 여성들이 자유롭지 않다는 것이 페미니즘의 핵심적 명제라고 단언한다. 여성들이 페미니즘을 통해 추구하는 것은 간섭의 부재가 아니라

294 *Ibid.*, pp.138~140.

지배의 부재라는 것이다. 물론 공화주의와 페미니즘의 연관성을 의심하거나 부정하는 주장도 있다. 그런데 그것은 전통적으로 공화주의를 단지 민주적 참여 행위와 공적 행동주의라는 남성중심주의적 시각으로만 보아왔기 때문에 생긴 오해라고 그는 일축한다. 공화주의의 핵심은 '지배의 부재'로서 자유이기 때문에 그것은 결코 젠더적으로 오염될 수 없는 것이라고 그는 강변한다. 오늘날 가정과 직장 그리고 사회 전반에서 야기되는 여성 문제는 공화주의의 '지배의 부재'라는 원리로 접근해야 할 문제라는 것이다.

페티트는 사회주의도 역사적으로 볼 때 페미니즘과 마찬가지로 처음부터 자유인 대 노예라는 수사로 그 입장을 개진했다고 주장한다.[295] 주지하다시피 마르크스는 임노동을 임금 노예제로 단정했다. 즉 임노동자들은 고용주의 자비와 선의에 의존해 살아가면서 개인적으로나 집단적으로나 고용주에게 존경과 복종을 강요당했다는 것이다. 그렇지 않으면 고용주들은 블랙리스트를 만들고, 그 리스트에 오른 노동자들은 해고당할 수밖에 없고, 그것은 곧 빈곤으로 전락을 의미했기 때문에 노동자들은 개인적으로 고용주들로부터 간섭받지 않아도 자의적인 지배를 받는 노예에 불과했다는 것이다. 물론 고전적 자유주의자들이 주장하듯이 고용주들은 그들의 경제적 합리성에 입각해 노동자들에게 온화한 태도를 취하기도 했다. 고용주들은 경제적 이익을 고려해 노동자들이 비록 저항할 수 없다는 사실을 알면서도 그들을 학대하거나 고용과 해고를 변덕스럽게 행하지는 않았다. 그러나 분명히 알아야 할 것은 사회주의는 고용주들이 언제라도 그렇게 할 수 있는 능력을 갖고 있었기 때문에 그들을 노예주로 보고 임금 노예제를 반대한 것이

---

295 *Ibid.*, pp.140~141.

지 고용주들이 노동자들을 간섭하고 위해를 가했기 때문이 아니라는 사실이라고 그는 강조한다.

여기서 페티트는 자유주의와 공화주의의 차이점을 분명히 한다. 자유주의는 고용이 당사자 간의 자유계약에 의해 이루어졌기 때문에 그 계약에 의해 고용주들이 피고용인을 해고하는 것은 정당하다고 본다. 특히 자유지상주의는 그 해고가 정당한 이유에서든 더 나가 아무런 이유가 없던 또 더 나가 도덕적으로 악한 이유에서든 계약에 따른 것이면 문제 될 것이 없다고 본다. 그러나 사회주의의 기저에 깔려 있는 공화주의의 '지배의 부재'의 원리는 고용 계약 자체가 지배할 수 있는 자와 지배당할 수밖에 없는 자 사이의 노예 계약이라고 본다. 따라서 '지배의 부재'의 원리는 노동자들의 파업과 같은 집단행동을 지배에서 벗어나려는 정당한 행위라고 간주하는 반면, 간섭의 부재를 원리로 삼는 자유주의는 그것을 정당한 계약에 대한 간섭 행위로서 고용주의 자유를 침해하는 것으로 본다. 그러면서 자유 계약을 철칙이라고 주장한다. 그 계약을 맺을 때 고용주들이 물리적으로 강요하지도 않았고 조작하지도 않았다면 노동자들의 집단행동은 분명히 불법적이고 부당한 것이라고 매도한다. 그러나 노동자들이 애초부터 처해 있는 불리한 처지를 생각하면 자유계약은 결코 자유로운 계약이 아니며 그 상황에서 어쩔 수 없이 계약의 당사자가 된 노동자들이 유일하게 저항할 수 있는 길은 집단행동뿐이라는 것이 '지배의 부재'의 원리에 입각한 사회주의의 입장이었다고 페티트는 옹호한다. 그는 이러한 공화주의 정신이 19세기 영국의 차티스트 운동에서부터 미국의 자유노동 운동에 이르기까지 면면히 민중들의 저항의 전통으로 이어져 갔다고 주장한다.[296] 그는 이렇게 볼 때 사회주의는 산업사회에서 태어난 고전적 공화주의의 후손이라고 단정한다.[297]

페티트는 이어서 공화주의의 '지배의 부재'의 원리가 어떻게 오늘날의 다문화주의에 적용될 수 있는지를 조심스럽게 타진한다.[298] 그러나 그 원리가 여성과 노동자를 위해 적용되었듯이 과연 주류 문화 바깥에 존재하는 인종적 소수자, 이민 집단을 위해서도 적용될 수 있는지는 간단한 문제가 아니다. 왜냐하면 페미니즘과 사회주의의 경우 '지배의 부재'의 원리가 그 이념들 안에서 어떻게 작동하였는지를 역사의 기록을 통해 알 수 있지만 다문화주의의 경우 그렇지 않기 때문이다. 다문화주의의 주된 불만은 근대 국가는 일반적으로 하나의 주류 문화를 전제로 구성되었다는 것이다. 따라서 다문화주의는 근대 국가가 과연 주류 문화에 속해 있는 다수의 이익과 소수 문화 집단의 이익을 평등하게 보장해 줄 수 있는 원리와 제도를 창출할 수 있는지를 의심한다. 여기서 페티트는 만약 근대 국가가 '지배의 부재'로서 자유의 증진을 지향한다면 소수 문화 집단의 요구를 돌보아야 할 이유와 능력을 지니게 된다고 주장한다.

그는 앞서 말했듯이 '지배의 부재'로서 자유가 공동체주의적 이상임을 상기시킨다. 즉 어떤 집단이나 계급의 구성원이 누려야 할 자유는 그 개인의 자유가 아니라 그가 속한 집단이나 계급이 공동으로 누려야 할 자유라는 것이다. 따라서 한 개인이 단지 소수 문화 집단의 구성원이라는 이유만으로 지배당할 수 있는 위험성에 노출되는 상황이라면 그것은 한 개인의 문제가 아니라 그 문화 집단 구성원들의 공동의 문제라는 것이다. 그리하여 그 구성원들은 그 문화 집단의 일반적인 요구를

---

296 *Ibid.*, pp.142~143.

297 José Luis Martí and Philip Pettit, *A Political Philosophy in Public Life, Civic Republicanism in Zapareto's Spain* (Princeton, 2010), p.47.

298 Philip Pettit, *Republicanism*, pp.143~146.

분명히 할 필요가 있다. 또한 주류 문화에 속해 있는 구성원들은 소수 문화 집단이 공동의 공화주의적 선인 '지배의 부재'를-즉 시민권이라는 공동선을- 함께 누리기 위해서는 그 소수 집단의 특별한 처지 때문에 좀 더 많은 관심과 지원이 필요하다는 것을 부인해서는 안 된다. 그것은 같은 주류 문화에 속한 구성원들 가운데 오지의 주민들의 삶의 질을 제고하기 위해 도시의 주민 보다 일인 당 더 큰 비용을 투입해 배려하는 것과 마찬가지이다. 페티트는 여기서 매우 급진적인 방안을 제시하면서 그것이 비록 급진적인 것이기는 해도 공화주의적 이상에 전적으로 일치한다고 주장한다. 그것은 바로 주류 문화 집단의 대표자들이 소수 집단의 지금까지의 상실감을 인정하고 과거의 지배에 대한 보상을 어떤 형식으로 할 것인지를 적극적으로 고려해야 한다는 것이다. 그는 그 방안의 하나로 소수 문화 집단에게 주류 집단에 부과되는 의무를 면제해 준다든지 더 나가서 소수 문화 집단이 그들의 영역 내에서 제한적인 관할권을 행사하여 그들의 일을 그들의 집단적인 방식으로 처리할 수 있도록 하자고 제안한다. 이것이 바로 근대 국가 내의 소수 문화 집단의 구성원들이 '지배의 부재'로서 자유라는 공화주의적 공동선을 확실하게 누릴 수 있는 방법이라는 것이다.

6. '포괄적 공화국'을 향하여: '지배의 부재'를 통한 재분배

  페티트는 공화주의의 이러한 '지배의 부재'의 원리가 여전히 전통적 엘리트들이 지배하던 시기에는 주류 자유주의 사상가들이 받아들이기 힘든 것이었다고 판단한다. 그들은 결코 하인들과 여성들이 남성들과 주인들처럼 해방된 국가를 상상할 수도 없었다는 것이다. 그러나 오늘날에는 이 원리가 결코 실현 불가능한 것이 아니라고 그는 단언한다. 지난 한 두 세기 동안 역사의 극적인 변화가 시민사회가 국가에게 그것을 요구하는 것이 정당한 것으로 인식되는 시대로 우리를 이끌어 왔다는 것이다. 이제 최소주의 국가를 극복하고 '지배의 부재'로서 자유를 일반적으로 증진시키는 것이 국가의 역할이 된 시대에 공화주의는 다시 부활해야 하고 그렇게 할 수 있다고 그는 주장한다. 그는 이러한 국가를 '포괄적 공화국'(inclusive republic)이라고 부르면서 그러한 공화국은 자유를 단지 간섭의 부재가 아니라 평등과 공동체에 기초한 '지배의 부재'로 설정함으로써 민주주의를 더욱 더 공고히 할 수 있다고 옹호한다. 그러면서 그는 그 한 예로 오늘날 초미의 관심사가 된 양극화 해소를 위한 재분배의 문제에 공화주의의 '지배의 부재'의 원리가 그 이론적 기초가 될 수 있다고 역설한다.[299]

그는 먼저 왜 간섭의 부재만을 자유로 보는 자유주의가 재분배의 문제에 효과적으로 대처할 수 없는지를 검토한다. 간섭의 부재로서 자유가 구성원들에게 최대한 평등하게 보장된다고 해도 그것은 결코 삶의 다른 영역에서의 불평등을 해소할 수 없다는 것이 그의 지론이다. 재분배의 문제가 제기되면 자유주의는 우선 그것이 국가가 개인의 삶에 얼마나 많이 간섭하는 것인지, 그리고 그러한 간섭이 국가 이외의 다른 당사자가 간섭할 수 있는 개연성을 얼마나 줄일 수 있는지를 묻는다. 첫 번째 문제의 답은 재분배는 어쨌든 국가가 개인의 삶에 간섭하는 행위라는 것이다. 과세를 통한 기본적인 재분배도 따지고 보면 세금

---

299 Philip Pettit, "The Republican Ideal of Freedom" in David Miller, ed. *The Liberty Reader* (Boulder, 2006), pp.233~234.

을 내는 개인들이 그 돈을 다른 데 쓸 수 있는 기회를 박탈하는 것이다. 뿐만 아니라 재분배는 국가의 감독을 필요로 하는데 그것은 개인의 삶에 대한 간섭의 새로운 개연성을 높일 뿐이다. 그것이 옳은 것이라고 하려면 두 번째 문제의 답이 긍정적이라는 것을 증명해야 한다. 그러나 그것은 쉬운 일이 아니다. 왜냐 하면 반대자들은 늘 좀 더 많이 가진, 좀 더 사회적으로 유리한 위치에 있는, 개인들이 과연 그렇게 사악해서 좀 덜 가지고 불리한 위치에 있는 사람들에게 위해를 가하고 있다고 생각해야 하느냐고 반문한다. 예를 들어 고용주들이 노동자들에게 자의적으로 간섭할 수 있다고 하는데 그것을 좀 더 좋은 생산적인 관계를 맺기 위해 애쓰는 것으로 왜 볼 수 없느냐는 것이다. 따라서 간섭의 부재를 사회적 행위의 척도로 삼는 자유주의는 재분배 혹은 분배 정의를 절실하게 느끼지 못한다고 그는 주장한다. 따라서 간섭의 부재로서 자유를 최대한 보장하려는 자유주의 체제는 필연적으로 삶의 다른 국면에서 엄청난 불평등을 허용하는 체제가 될 수밖에 없다고 그는 비판한다.[300]

이에 반해 '지배의 부재'를 원리로 삼는 공화주의는 재분배의 문제를 자유의 침해라는 측면에서 보지 않는다. 페티트는 공화주의의 '지배의 부재'의 원리는 국가와 개인 간에도 적용된다고 본다. 즉 자의적 간섭을 할 수 있는 잠재적 능력을 국가도 가지고 있기 때문에 공화주의는 국가의 간섭이 시민의 이익에 부합하지 않을 경우를 대비해 그 간섭이 엄격히 시민들의 참여로 제정된 법의 지배 안에서 시행되도록 제도적 장치를 마련한다는 것이다. 따라서 이러한 기제 안에서 작동되는 재분배라는 간섭은 결코 자의적 간섭으로서 지배 행위가 아니라고 그

---

300 *Ibid.*, pp.235~236.

는 강조한다. 물론 재분배가 구성원들의 선택을 제한하는 측면이 있는 것은 분명하지만, 그것이 사회적 약자와 소외 계층이 '지배의 부재'로서 자유를 타협의 대상으로 받아들여야 하는 상황을 개선할 수 있는 것이라면 구성원들의 선택의 기회를 제한할 만한 충분한 값어치가 있는 것이라고 그는 주장한다.[301]

그는 재분배의 본질은 사회적 강자들의 잠재적 지배능력을 감소시키는 것이라고 본다. 예를 들어 고용주들은 취업이 어렵고 해고 가능성이 높아지는 상황에서 언제라도 그들이 마음만 먹으면 서로 동의한 계약을 파기하거나 자신들이 유리한 방향으로 바꿀 수 있다. 그리고 그것은 노동자들의 삶을 더욱 피폐하게 만든다는 것은 불 보듯 빤한 일이다. 이럴 때 재분배를 통해 해고 수당과 노동자들의 건강과 안전을 위한 제재 장치를 마련하고 작업장 내에서의 쟁의를 조정한다면 그것은 그 만큼 노동자들의 '지배의 부재'로서 자유를 증진시키는 것이다. 그는 이러한 노동자들의 삶의 질 개선이 과연 고용주들의 자유의 제한과 맞바꿀만한 값어치가 있는지를 계산해야 한다는 자유주의의 주장을 일축한다. 그는 재분배가 노동자들의 운명을 더 이상 고용주의 자비와 선의에 의존하지 않게 해 주는 것이기 때문에 공화주의의 '지배의 부재'의 원리에 부합한다고 선언한다. 그리고 그것은 근대 국가가 '포괄적 공화국'이 되기 위해서 반드시 필요한 것이라고 그는 강조한다.[302]

페티트는 이러한 맥락에서 최근 논의 되고 있는 기본소득(basic income)론이 공화주의의 '지배의 부재'의 원리에 부합한다고 주장한

---

301 *Ibid.*, pp.237~238.
302 *Ibid.*, pp.239~241.

다.[303] 기본소득론은 사회 구성원 전체에게 일정한 액수의 수당을 보편적으로 지급하자는 것이다. 이러한 주장의 가장 강력한 주창자인 빠레이스는 기본소득을 자유와 연관시켜 논한다. 그는 단지 타인의 부당한 침해로만 자유가 훼손되는 것은 아니라고 주장한다. 그 외에도 자연적, 사회적 방해물에 의해서도 자유가 침해당한다는 것이다. 따라서 타인의 고의적 방해를 방지하는 법적 권리가 수립되듯이, 우리가 대처하고 치유할 수 있는 자연적, 사회적 제약을 극복할 수 있는 법적 권리도 당연히 수립되어야 우리는 진정 자유로울 수 있다는 것이다. 그는 현대 사회에서 더욱 열악해지는 사회경제적 환경에 대처하기 위해서, 그리하여 진정 자유롭기 위해서, 보편적 기본소득이 필요하다고 주장한다.[304]

이에 대해 페티트는 빠레이스가 말하는 자유가 바로 간섭의 부재를 의미하는 자유주의적 자유이기 때문에 문제의 소지가 있다고 주장한다. 자유주의는 분명히 의도적으로 고의로 간섭하는 행위만을 자유의 침해로 간주한다는 것이다. 타인의 의도적인 행위에 의해 일어난 방해가 아닌 우연의 결과 혹은 불행한 운명이나 처지 등으로 야기되는 현상으로부터 보호 받을 권리는 그러한 자유에 기초한 권리가 아니라는 것이다. 여기서 페티트는 자유를 '지배의 부재'로 규정하는 공화주의가 오히려 기본소득론에 더 잘 부합한다고 주장한다. 앞서 보았듯이 공화주의는 자유가 강자의 선의와 자비에 의존해 살지 않을 때, 즉 타인의 잠재적 지배력이 작동하지 않을 때, 비로소 가능하다고 본다.

---

303 Philip Pettit, "A Republican Right to Basic Income?", *Basic Income Studies*, v.2 n.2 (2007), Article 10.

304 Philippe Van Parijs, *Real Freedom for All: What (If Anything) Can Justify Capitalism?* (Oxford, Oxford University Press, 1995)

따라서 기본소득도 앞서 검토한 재분배의 일환으로서 그러한 지배를 원천적으로 약화시킬 수 있는 좋은 방안이며 공화주의의 '지배의 부재'의 원리에 부합한다는 것이 그의 지론이다.

7. 맺음말

최근 전 세계적으로 사회적 양극화는 그 누구도 피해 갈 수 없는 문제가 되었다. '월가를 점령하라'는 시위를 통해 알 수 있듯이 그것은 소위 선진 경제 지역에서도 심각한 지경에 이르렀다. 이러한 사회적 불행은 소수의 지배력은 강화시키고 다수의 예종을 심화시킴으로써 극한으로 치닫고 있다. 지금까지 자유주의 헤게모니는 그 책임을 모면하기 위해 교묘히 작동되어 왔다. 그것도 자유의 이름으로 그럴싸하게 현실 정치를 지배해 왔다. 레이건과 대처를 성공한 정치가의 대명사처럼 선전하는 전 세계 보수 언론은 그 나팔수 역할을 자임했다. 자유롭게 내 버려둬라, 그러면 경쟁력 있는 자가 성공할 것이며, 누구나 다 노력하면 그렇게 될 수 있다. 오로지 자유롭고 책임을 다하는 개인이 있을 뿐 애초에 사회나 공동체 같은 것은 없었다. 이것이 그들의 그럴듯한 수사였다. 그러나 오늘날의 현실이 그렇지 않음을 여실히 증명하고 있다.

페티트는 바로 이러한 상황에서 자유주의 헤게모니를 극복할 수 있는 진단과 처방을 제시했다는 점에서 주목받고 있다. 그는 공화주의 전통 안에 면면히 내려온 '지배의 부재'의 원리가 사회 민주적 기획의 이론적 기초가 될 수 있음을 밝혔다. 또한 그는 자유주의 헤게모니에 의해 손상된 공동체적 이상이 '지배의 부재'의 원리를 제도화함으로써 회복될 수 있음을 보여주고 있다. 동시에 그는 전체주의의 악몽을 경험한 현대인들에게 공동체적 가치의 추구가 '지배의 부재'의 원리를 통해 어떻게 전체주의적 누명에서 벗어날 수 있는가를 보여주고 있다. 물론 그의 공화주의가 공동선의 실현과 참여로서의 적극적 자유를 부인하거나 도구적 지위로 전락시켜 공화주의의 본래의 모습을 훼손했다는 비판이 있지만, 그것은 체질적으로 공동체주의를 선호하지 않는 현대인들의 기본 정서를 고려한 우회 전략이라고 볼 수도 있다. 그는 자유주의와 공화주의의 차이점을 명확히 적시하고 있으며 그 차이점의 정치적 사회적 함의를 분명히 하고 있다.

그의 이러한 논의는 오늘날 우리의 상황에서도 담론적 무기가 될 수 있음은 두말할 나위도 없다. 물론 그가 제공하는 해석의 틀로 서양의 고전적 정치 사상가들의 저술을 개념적으로 분석하는 학술적 작업도 매우 중요하다. 그러나 현실의 변혁을 위해 그의 담론을 원용하는 정치적 사회적 발화 행위도 그 못지않게 의미가 있다. 그가 실제로 원하는 것이 그것이 아닐까?

제8장

G.A. 코헨:
평등과 돌봄의 사회주의 공동체로

제8장
G.A. 코헨: 평등과 돌봄의 사회주의 공동체로

1. 머리말

지난 세기 말 현실 사회주의 체제가 붕괴되자 사회주의는 이제 끝났고 처음부터 그것은 불가능한 것 이었다는 생각이 만연했다. 그 유명한 프랜시스 후쿠야먀의 『역사의 종말』은 자본주의적 자유민주주의의 승리를 공인하자는 것이었다. 그러나 이와 거의 동시에 휘몰아친 신자유주의의 광풍이 남겨 놓은 것은 오늘날 우리 앞에 펼쳐지고 있는 이 피폐하고 남루한 현실이라는 데 극소수의 기득권층을 빼곤 누가 동의하지 않겠는가? 그 위대한 '보이지 않는 손'에 대한 우상숭배는 사라지고 이제는 '보이는 손'을 애타게 갈망하고 있다. 그러나 따지고 보면 그렇게 효율적이고 자비로울 것이라고 생각했던 '보이는 손'도 무능하고 야비한 손으로 전락할 수 있음을 지난 세기 역사가 말해 주고 있다. 그렇다면 이제 어떻게 해야 할 것인가?

우리의 현실로 돌아와 보자. 지난 2012년 대선에서 양대 정당의 후보들은 하나 같이 경제 민주화를 공약으로 내걸었다. 보수 정당의 후보마저 선거 기간 내내 그것을 화두로 삼은 것을 보면 분명 신자유주의는 실패했다고 볼 수 있다. 경제 민주화가 정부의 보이는 손으로부터 경제를 가능한 한 멀리 떼어 놓겠다는 것이 아니라 그 반대였기 때문이다. 그러나 이것은 어떻게 보면 너무나 당연한 것이다. 왜냐하면 우리 헌법은 대한민국 임시정부의 강령 안에 녹아 있던 삼균주의를 이어 받아 사회적 경제를 지향하고 있기 때문이다.[305] 즉 우리 헌법은 부의 독과점을 방지할 수 있는 제도적 장치를 마련하는 것을 국가의 의무로 규정하고 있기 때문이다. 그렇다면 이제 어떻게 해야 할 것인가?

실천 가능한 여러 가지 길을 모색해 볼 수 있겠지만, 그 출발점은 우선 잠시 잊고 있었던 자본주의의 태생적인 문제점이 무엇인지 다시 이론적으로 곱씹어 보는 것이 아닐까? 즉 이제 극명하게 나타난 자본주의의 문제점을 극복하는 길은 그것의 정당성을 마련해 준 이론을 비판하는 데서 출발해야 한다. 그런데 역사적으로 볼 때 그러한 작업을 가장 치열하게 전개했던 진영은 바로 사회주의 진영이었다. 따라서 갑자기 새로운 이론과 철학을 만들어 낼 수도 없는 처지이고 보면, 사회주의의 자본주의 고발을 다시 한 번 반추하면서 동시에 왜 기존의 사회주의가 실패했는가를 성찰해 보는 것이 우리가 해야 하는 일 가운데 가장 현실적인 방안이라고 할 수 있다. 이러한 작업은 지난 세기의 좌파적 이념에 대한 교조적 맹신을 다시 한 번 다짐하는 것이 아니다. 그것은 사회주의의 지나간 미래에 미련을 두지 않고 다시 암중모색의 길을 떠나는 것이다.

이러한 길을 개척한 대표적인 좌파 지식인이 바로 옥스퍼드 대학의

---

305 서희경, 『대한민국 헌법의 탄생』, 창비, 2012 참조.

정치 사회 이론 석좌교수였던 제럴드 알렌 코헨(Gerald Allen Cohen, 1941~2009)이었다. 그는 사회주의의 기본 원리인 평등과 공동체 정신이 인간 본성에 맞지 않는다는 주장을 배격한다. 그러나 동시에 사회주의가 어떻게 실현될 수 있을지는 아직 모른다고 고백한다. 이 말은 사회주의가 도래하는 것은 역사적 필연이라는 지난 세기의 교조주의를 거부하는 것이다. 이러한 언명은 그에 대한 믿음을 갖게 해 준다. 그는 적어도 한 이념을 신주단지처럼 모시는 광신도가 아니기 때문이다. 그가 믿음을 주는 이유가 또 하나 있다. 그는 그렇다고 해서 그 답을 영원히 모를 것이라고 체념하는 패배주의를 단호히 배격하기 때문이다. 그러한 패배주의는 보통 인간은 이기적인 존재이기 때문에 애초에 사회주의는 인간성에 부합하지 않는다는 가정을 기정사실로 받아들이라고 요구한다. 그러나 그는 캠핑의 예를 들면서 결코 인간이 본성상 평등과 공동체 정신을 실현할 수 없는 존재가 아니라고 강변한다. 단지 우리는 그것을 전 사회적으로 확장시킬 수 있는 사회적 기술을 아직까지는 터득하지 못했을 뿐이라는 것이다. 이제 그의 암중모색의 길을 떠나보자.

2. 지적 생애: 변증법적 마르크스주의를 넘어 분석적 마르크스주의로

코헨은 캐나다 몬트리올에서 부모 모두가 공산주의를 신봉하는 캐나다 퀘벡의 유태계 공장노동자 집안에서 태어났다.[306] 그의 부모는

---

[306] 이하 전기적 내용은 다음을 참조. G.A. Cohen, *Karl Marx's Theory of History* (Princeton,

고용주와 경찰의 잔인한 탄압에 맞서 노동조합을 결성하는데 앞장섰다. 그들은 아들을 유태계 공산주의 단체가 운영하는 학교에 입학시켜 퀘백 경찰이 그 학교를 폐쇄시킨 1952년까지 다니게 했다. 캐나다 판 매카시즘이 극에 달했던 그 시절 11살 소년이 경험했던 것은 공포 그 자체였다. 그러나 그는 이 학교 교육을 통해 이미 어린 나이에 마르크스주의에 대한 믿음을 확고히 했고 맥길 대학에 입학해 마르크스주의 고전을 섭렵했다.

1961년 옥스퍼드 대학으로 옮긴 코헨은 영국의 분석 철학을 공부한 후 그것을 마르크스주의에 접목시켰다. 그의 이러한 태도는 좌파치고는 매우 독특한 것이었다. 왜냐하면 1960년대 좌파 학생들이나 지식인들에게 분석철학은 부르주아적 학문이요 현실적 실천적 의미가 없는 철학이었기 때문이다. 그러나 그는 자신의 태도가 결코 이상한 것은 아니었다고 단언한다. 왜냐하면 자신은 애시 당초 옥스퍼드에 좌파적 이상에 맞는 교육을 기대하고 오지 않았기 때문이라는 것이다. 그런 이상을 품고 들어온 젊은이들은 적지 아니 실망했겠지만 자신은 이미 철저한 마르크스주의자였기에 쉽게 분석철학에 승선할 수 있었다고 그는 회상한다. 즉 자신은 옥스퍼드의 강단철학이 현실 문제를 환기시키고 그 대안을 추구하리라는 기대를 가지고 있지 않았기 때문에 낙망하는 대신 분석철학을 활용해 마르크스주의의 역사 유물론을 좀 더 명확하게 해명하고 옹호하는데 진력할 수 있었다는 것이다.

그는 1963년 옥스퍼드를 떠나 런던 정치 경제 대학에 들어가 본격적

Princeton University Press, 1978), 박형신·정형주 옮김, 『카를 마르크스의 역사이론-역사 유물론 옹호』, 한길사, 2011, pp.41~58 ; *Self-Ownership, Freedom, and Equality* (Cambridge, Cambridge University Press, 1995), pp.245~249; *If You're an Egalitarian, How Come You're So Rich?* (Cambridge, M.A, Harvard University Press, 2000), pp.20~41.

으로 학자의 길로 들어섰다. 그는 자신의 마르크스주의 연구는 시적인 글쓰기의 행위가 아니라 무엇이 참인지를 추구하는 자기 비판적 분석의 행위였다고 회고한다. 이것은 그가 전통적 마르크스주의가 신봉하던 변증법적 사고 대신 진술의 정확성과 논리의 엄격성을 추구했음을 뜻한다. 그는 그것을 교조적 마르크스주의에 대한 충성이 아니라 이성 그 자체에 대한 헌신이었다고 자부한다. 즉 자신은 실로 마르크스주의가 과학적 사회주의가 되기를 원했고 거기에 지적 양심을 걸었다는 것이다. 그의 진술을 그대로 옮기면 이를 통해 그는 실로 자본주의에 반대하고 그것을 극복하는 기획과 전략을 마련하는데 진력했다. 그리하여 그는 오늘날 소위 분석적 마르크스주의의 대표 주자가 되었다.

분석적 마르크스주의는 전체 역사의 필연적 흐름을 변증법으로 풀어내는 거시적 담론을 생산하는 것에 반대한다. 그것은 사회의 개별적 미시적 현상을 전통적 마르크스주의자들이 부르주아 학문이라고 야유했던 분석철학과 정량적 사회과학을 이용하여 분석함으로써 마르크스주의의 종교화를 막는 것이었다고 그는 자평한다. 이러한 맥락에서 그가 일생을 통해 추구한 것은 다음과 같은 문제들에 대한 해답을 얻는 것이었다.[307] 첫째, 우리가 추구하는 사회주의는 어떤 형태의 사회주의인가? 둘째, 자본주의는 정확히 무엇이 잘못된 것이고 사회주의는 정확히 무엇이 옳은 것인가? 셋째, 우리는 사회주의를 어떻게 성취할 수 있는가? 선진 자본주의 사회에서 노동계급이 이제는 과거의 노동계급이 아니라고 할 때 그것이 실천에 대해 갖는 함의는 무엇인가?

---

307 G. A. Cohen, *History, Labour, and Freedom* (Oxford, Oxford University Press, 1988), p.xii.

3. 노직의 자유지상주의에 대한 비판

코헨의 사회주의에 대한 구상은 자본주의를 이론적으로 떠받치고 있는 자유주의에 대한 비판에서 출발한다. 특히 그는 자유주의의 극단적인 형태인 노직의 자유지상주의를 첫 번째 표적으로 삼는다. 그리고 자기소유권(self-ownership) 이론이 그 핵심이라고 보고 그것을 극복할 때 비로소 사회주의가 가능하다고 주장한다. 이 이론에 따르면 각자는 각자의 인격과 힘의 소유자라는 것은 도덕적으로 옳은 생각이다. 따라서 각자가 그것들을 타인에게 위해를 가하는 일에 사용하지 않는다면 각자가 원하는 대로 사용할 수 있는 자유가 있다. 각자는 그 누구의 것도 아닌 그 자신의 것이라는 생각은 마르크스주의와도 상충하지 않는다. 그런데 자유지상주의는 이 개념을 사용하여 다음과 같은 주장을 한다. 각자가 그 자신과 자신이 지니고 있는 힘에 대해 전적으로 배타적인 통제권과 사용권을 가지고 있다. 따라서 타인에게 그것을 제공하겠다고 계약하지 않은 재화와 용역을 제공할 필요가 없다.[308]

코헨은 이러한 주장에 반대한다. 즉 자기소유권을 공개 시장에서 상품으로 교환된 각자의 능력의 결과물에 대한 사적 소유권으로 해석하는 것에 그는 반대한다.[309] 이러한 해석은 자기소유권을 각자가 소유한 것이 타인의 처분권의 대상이 되도록 강요받지 않을 권리라고 규정한다.[310] 그리고 타인을 돌보야 할 모든 의무는 계약적인 것에 불과하

308 Robert Nozick, *Anarchy, State, and Utopia* (New York, Basic, 1974); R. J. Arneson, "Lockean Self-Ownership: Towards a Demolition", *Political Studies*, 39 (1991), p.36; P. Vallentyne, "Self-Ownership and Equality: Brute Luck, Gifts, Universal Dominance and Leximin", *Ethics*, 107 (1997), p.321.

309 G. A. Cohen, *Self-Ownership, Freedom, and Equality*, p.238.

310 *Ibid.*, p.117.

다고 본다. 따라서 그 누구도 타인의 이익을 위해 헌신할 필요는 없다는 것이다.[311] 이것은 코헨이 강조하는 사회주의의 공동체의 원리와는 본질적으로 궤를 달리하는 주장이다. 그 원리에 의하면 우리가 서로를 돌보는 것은 어떤 계약에 의해 서로 이익을 취하기 위해 그렇게 하는 것이 아니다. 우리가 그렇게 할 수 있고 그렇게 해야 하기 때문에 그렇게 할 뿐이다.[312]

코헨은 자유지상주의가 이렇듯 개인의 권리를 강조하며 개인을 자신의 주권자라고 말하지만 그 권리가 자원에 대해서는 어떤 것인지는 전혀 말하지 않는다고 비판한다. 즉 그것 없이는 그 누구도 원하는 것을 생산할 수 없는 자연의 실체와 용량에 대한 권리에 대해서는 일언반구도 없이 단지 자신에 대한 권리만을 말 하고 있을 뿐이라는 것이다. 코헨은 노직이 그러한 외부의 자원에 대해서는 전유의 논리만을 내세운다고 비판한다. 자유지상주의는 전유의 결과 나타나는 불평등을 완화하거나 제거하려는 노력을 정의의 원칙에 위배되는 것으로, 즉 자기소유권을 부인하는 것으로, 단죄함으로써 다름 아닌 불평등한 사유 재산의 소유권을 정당화하려 할 뿐이다.[313]

코헨은 여기에 대해 반대한다. 그 불평등이 자기소유권으로부터 필연적으로 도출되는 결과가 아니라는 것이다. 그는 외부적 자원을 공동으로 평등하게 이용하자는 생각은 자기소유권을 침해하자는 것이 아니라고 강변한다. 궁극적 조건의 평등을 추구하는 것과 자기소유권을 주장하는 것은 상충하지 않는다는 것이다. 왜냐하면 그것은 자기소유권을 같이 나눠 갖자는 것이 아니기 때문이다. 그것은 외부의 자원을

---

311 *Ibid.*, p.228.

312 G. A. Cohen, *Why Not Socialism?* (Princeton, Princeton University Press, 2009), p.43.

313 G. A. Cohen, *Self-Ownership, Freedom, and Equality*, pp.13, 67~91.

모두가 공동으로 소유하고 그것을 앞으로 어떻게 이용할 것인지를 결정할 때 서로 거부권을 행사할 수 있도록 하자는 것이다.[314]

그의 이러한 주장은 궁극적으로는 자유지상주의의 자기소유권의 원리를 약화 내지는 무력화 시키려는 시도의 일환이다. 공동으로 소유한 외부적 자원의 처분에 대해 서로 거부권을 행사할 수 있다는 것은 자기소유권을 형식적인 것에 머물게 하자는 것이기 때문이다. 코헨은 그래도 그것이 무산자 노동계급이 자기소유권은 있어도 실제로는 외부적 자원에 대한 권리는 없기 때문에 자기 자신의 삶에 대한 실질적인 통제력을 결여하고 있는 것보다는 훨씬 좋은 것이라고 강변한다. 따라서 외부적 자원에 대한 공동 소유가 자기소유권을 약화시킨다는 불만은 단지 무산자 노동계급이 양산되는 자본주의 사회를 자기소유권의 실현이라고 옹호하는 것에 불과하다는 것이다. 그는 이것을 자유지상주의의 딜레마라고 규정한다. 왜냐하면 자유지상주의가 외부적 자원에 대한 공동소유가 자기소유권을 훼손한다고 주장한다면, 자본주의 하에서 많은 사람들에게 자기소유권이 실질적으로 보장되지 않는 것에 대해서는 할 말이 없기 때문이다. 그는 이제 자유지상주의는 양자택일의 기로에 서 있다고 몰아세운다. 법적 조건으로서 보장받는 개인의 자유와 자율성을 추구하는 자기소유권 그 자체를 견지해야 할 것인가? 아니면 그것으로 인해 실질적으로 보장받지 못하는 자유와 자율성을 택할 것인가?[315]

코헨은 자기소유권을 견지하면서 실질적인 자유와 자율성을 확보하려는 노력은 실패할 수밖에 없다고 주장한다. 왜냐 하면 자기소유권을

---

314 *Ibid.*, pp.14, 92~115.
315 *Ibid.*, pp.14~15.

견지하려는 자유지상주의는 외부적 자원에 대한 평등한 분배는 자율성을 희생하지 않으면 가능하지 않다고 생각하기 때문이다. 즉 자기소유권은 불평등을 초래하는 경향이 있는데, 그러한 경향을 막기 위해서는 외부적 자원에 대한 엄격한 통제를 시행해 그에 대한 개인의 독립적 권리를 배척하는 체제를 수립할 수밖에 없다는 것이다. 따라서 그는 마르크스주의가 평등과 자율성을 모두를 추구한다면 어떤 형식으로든 또는 어떤 정도로든 자기소유권의 원리를 거부해야 한다고 주장한다. 그러나 종래의 전통적 마르크스주의는 여기에 실패했다고 그는 고백한다.[316]

마르크스주의는 노동자들에 대한 자본가들의 착취는 노동자들이 생산적 자원에 접근할 수 있는 길이 막혀 있어서 그 자원을 독점하고 있는 자본가들에게 그들의 노동력을 팔 수 밖에 없다는 사실에서 전적으로 기인한다고 본다. 그리하여 자본주의의 불의는 외부적 사물의 분배에서 나타나는 시원적 불평등에서 출발하기 때문에 그것만 교정하면 충분하다는 것이다. 따라서 그 불평등을 정당화하는 자기소유권의 원리를 반드시 거부해야 하는 것은 아니라는 것이다. 이 말은 노동자들에게 외부적 자원이 평등하게 분배된다면 자기소유권이 그것을 뒷받침할 수 있다는 것이다. 그러나 코헨은 마르크스주의자라면 외부적 자원을 처음에는 평등하게 분배했더라도 상이한 능력의 차이가 자기소유권을 보유한 개인들을 노동력을 사는 계급과 파는 계급으로 나누는 것을 용인해서는 안 된다고 주장한다. 따라서 마르크스주의가 자본주의 그 자체를 거부한다면 반드시 자기소유권의 원리를 거부해야 한다고 그는 역설한다. 코헨은 마르크스주의의 좋은 사회에 대한

---

316 *Ibid.*, pp.116~143.

구상에서도 마르크스주의가 자기소유권의 원리와 대립적이지 않은 점을 지적한다. 마르크스가 말하는 좋은 사회는 생산적 자원이 사유화되지 않고도 개인들은 그 자신의 주인으로 살아가는 사회이다. 개인들은 자신을 정신의 소유자로 인식하고 타인의 발전을 방해하지 않으면서 자유롭게 자신을 발전시킬 뿐만 아니라 그것을 타인의 자유로운 발전의 조건으로 생각한다. 그 사회는 풍요로워서 조건의 평등을 위해 자연적으로 더 능력 있는 개인들을 억압할 필요가 없다. 그것은 그렇지 않은 개인들을 위해 봉사하게 될 것이다. 따라서 평등을 성취하기 위해 자기소유권을 반대할 필요가 없다. 그러나 코헨은 이를 마르크스주의가 평등의 성취와 이를 통한 풍요로운 사회가 필연적으로 도래할 것이라는 잘 못된 믿음과 현재의 생태적 위기를 파악하지 못 한 맹점에서 오는 낙관주의적 오류라고 지적한다.[317]

그는 역사가 마르크스주의가 말하는 역사적 필연성에 대한 믿음이 오류였음을 증명하며 현재의 생태계가 그 어떤 풍요도 계속 보장할 수 없다는 것은 명백한 사실적 조건이 아니냐고 반문한다. 따라서 그는 마르크스주의는 평등은 어차피 성취되는 것이라는 믿음에서 벗어나 그것이 왜 좋은 것인가를 부단히 규범적으로 증명해야 한다고 주장한다. 그리고 이 과정에서 더 이상 그 풍요가 모두에게 제공한다는 전적으로 제약받지 않는 자유를 찬양하는 자기소유권의 원리를 파기해야 한다는 것이다.

---

317 *Ibid.*, pp.16, 144-164.

4. 롤스의 평등주의적 자유주의에 대한 비판

코헨은 이어서 자유주의의 틀 안에서 평등주의를 지향하는, 그가 자유주의 좌파라고 부르는, 존 롤스식의 평등주의적 자유주의도 비판한다. 주지하다시피 롤스의 소위 '차이의 원리'는 경제적 분배의 불평등은 유능한 인간들이 좀 더 생산력을 발휘하도록 인센티브가 부여되어 그 결과 그 혜택이 불우한 사람들에게 돌아 갈 때 정당화 될 수 있다고 주장한다. 그리고 그것이 사회의 기본적인 구조로 법제화되어야 한다는 것이다.[318] 이에 대해 코헨은 롤스의 차이의 원리를 그러한 법에 따르는 한 인센티브를 받지 않으면 더 생산력을 발휘하지 않겠다는 유능한 인간들의 이기심은 그로 인해 초래되는 불평등한 분배에 책임이 없고 정당하다는 것이라고 해석할 수 있다고 주장한다. 즉 롤스의 사회적 정의론은 오직 사회의 기본적 구조에만 적용될 뿐 개인의 선택에는 적용되지 않는다는 것이다. 그러나 코헨은 사회적 정의라고 한다면 그것은 강제적 법적 구조뿐만 아니라 사회적 윤리와 개인의 선택에 대해서도 적용되어야 한다고 주장한다. 특히 개인의 선택에 대해서 판단할 때는 타인의 능력에 대한 정보가 필수적이라고 강조한다.[319] 사회적 정의는 법적으로 강제하지 않아도 평등을 추구하는 사회적 윤리를 요청한다는 것이다.[320]

그렇다고 해서 코헨이 롤스의 차이의 원리를 전적으로 거부한 것은 아니다. 그는 인센티브에 기초한 롤스식의 분배에서 야기되는 불의가 그나마 우리가 받아들일 수 있는 가장 나은 불의라고 평가하면서, 자신

---

318 John Rawls, *A Theory of Justice* (Oxford, Oxford University Press, 1971), p.72.
319 G. A. Cohen, *If You're an Egalitarian, How Come You're So Rich?*, pp.139, 143.
320 *Ibid.*, p.131.

이 롤스의 차이의 원리를 공공 정책의 한 원리가 될 수 있음을 거부하지는 않았다고 말한다.[321] 그러나 그는 그것을 통해 결코 공동체 안에서 서로 돌봄의 형제애를 실천할 수는 없다고 단언한다. 그리고 유능한 부자들은 자신들의 인센티브 요구를 마치 자신들이 당사자로서 요구하는 것이 아니고 사회가 그렇게 요구하는 것인 양 기만할 뿐이라고 비판한다. 즉 그들 계급의 의지를 사회학적 사실로 둔갑시킨다는 것이다.[322] 그러면서 그는 평등주의자라면 어떻게 부자가 있어야 한다고 생각하는지 평등주의적 자유주의자들에게 묻는다. 그것은 위선이거나 의지박약이거나 성실성의 결여라고 밖에 생각할 수 없다는 것이다. 특히 그는 강력한 의지를 가지고 어떤 좋은 이상을 추구하면서 그것을 실현하려고 하지는 않는 것이 과연 정당화될 수 있다고 본다면 그것은 성실성의 결여 이외에 다른 것이 아니라고 주장한다.[323]

그는 더 나가 매우 극단적인 비유를 통해 평등주의적 자유주의를 비판한다. 유괴범들은 아이들은 부모와 함께 있어야 한다고 주장한다. 그런데 돈을 지불하지 않으면 아이들을 돌려보내지 않겠다고 한다. 따라서 자신에게 돈을 지불해야 한다는 것이다.[324] 유능한 사람들에게 못사는 사람들을 위해 인센티브를 주어야한다는 롤스식의 논리도 이와 같다는 것이다. 경제적 불평등은 그것이 가장 못사는 사람들에게 혜택을 줄 때 정당화 된다. 한계 세율이 40%일 때 60%일 때 보다 유능한 부자들은 더 많이 생산하고 결과적으로 가장 못사는 사람들이

---

321 G. A. Cohen, *Rescuing Justice and Equality* (Cambridge, M. A, Harvard University Press, 2000), pp.84~85.

322 *Ibid.*, p.66.

323 G. A. Cohen, *If You're an Egalitarian, How Come You're So Rich?*, chapter.10.

324 G. A. Cohen, *Rescuing Justice and Equality*, p.39.

더 혜택을 받는다. 고로 한계 세율은 40%를 넘어 60%로 인상되어서는 안 된다.[325] 물론 이러한 비유가 그대로 들어맞는 것은 아니지만 그것이 정의와 공동체 정신을 위반하고 있다는 바로 그 점에서는 마찬가지라는 것이다.[326]

이러한 그의 주장은 그 어떤 자유주의도 포기하지 않는 개인의 선택권에 대한 신앙이 앞서 본 사회주의의 평등과 공동체의 원리와는 양립할 수 없다는 것이다.[327] 그는 롤스의 자유론을 비판하면서 이 점을 더욱 분명히 한다. 롤스는 다른 자유주의자들과 마찬가지로 자유를 개인의 선택에 대한 간섭의 부재로 규정한다. 이 말은 자유는 무엇을 할 수 있는 능력이 아니라는 말이다. 롤스는 가난해서, 일반적으로 말하면 수단의 부족으로, 자신의 권리와 기회를 이용할 수 없는 것이 자유를 제약하는 것은 아니라고 주장한다. 그것은 단지 자유의 가치에 영향을 줄 뿐이라는 것이다.[328] 코헨은 롤스의 이러한 언명이 자유주의자들이 강조하는 가난은 무엇을 할 수 있는 능력의 부족이지 자유의 부족은 아니라는 주장의 반복이라고 규정한다. 그는 이러한 주장은 가난하지 않은 지식인들이 가난한 사람들이 아무리 고통스러워도 자유롭지 않은 것은 아니라고 마음의 위안을 찾으면서 죄의식을 감소시키기 위한 것이라고 비판한다. 가난은 분명은 자유의 부족을 수반하고

---

325 *Ibid.*, p.34.

326 *Ibid.*, p.41.

327 이에 대해 사회적 정의는 타협할 수 없는 것이지만 그렇다고 해서 모든 것을 통제하는 것이 되어서는 안 된다는 비판에 대해서는 다음을 참조. David Estlund, "Debate: Liberalism, Equality, and Fraternity in Cohen's Critique of Rawls", *Journal of Political Philosophy*, 6. 1 (1998), pp.99~112.

328 John Rawls, *A Theory of Justice* (Oxford, Oxford University Press, 1971), p.204: *Political Liberalism* (New York, Columbia University Press, 1993), pp.323~326.

그것을 제한하는 가장 중요한 환경이라고 그는 강조한다.[329] 왜냐하면 자유를 단지 간섭의 부재라고 규정한다고 해도 가난은 바로 그 간섭의 먹이가 되기 때문이라는 것이다. 즉 돈이 없으면 그 만큼 간섭받기 때문이다.[330] 그럼에도 자유주의자들은 가난은 능력의 부족일 뿐 자유의 부족이 아니라고 강변하면서 정부의 주된 책무는 자유를 보호하는 것이기 때문에 가난의 구제는 그 주된 책무가 될 수 없다고 주장한다고 코헨은 비판한다.[331]

5. 캠핑과 사회주의

그렇다면 코헨이 옹호하려는 사회주의란 무엇인가? 그는 자신이 생각하는 사회주의의 참모습을 캠핑에 비유해 묘사한다. 우리가 캠핑을 가서 하는 행위는 평등과 공동체 정신의 발현이라고 할 수 있다는 것이다. 거기서는 자신이 무엇을 가지고 왔다고 해서 그리고 그 어떤 특별한 재능과 물려받은 것을 지니고 있다고 해서 불평등한 특권을 주장하지 않는다. 그런 것들은 상호 호혜의 정신 아래 서로를 위해 대가를 바라지 않고 사용될 뿐이다. 비록 그것들이 개인의 사유물이라고 해도 우리는 캠핑 생활을 위해 그것들을 함께 온 사람들의 공동의 통제 아래 두고 누가 어떤 것을 언제 어떤 조건으로 왜 사용하는지에 대해 같은 생각을 하게 된다. 그리하여 어떤 이는 낚시를 하고, 다른 이는 음식을

---

329 G. A. Cohen, *On the Currency of Egalitarian Justice and Other Essays in Political Philosophy*, ed. by Michael Otsuka (Princeton, Princeton University Press, 2011), pp.166~167.

330 *Ibid.*, pp.169, 175.

331 *Ibid.*, pp.168.

준비하고, 또 다른 이는 그것을 요리한다. 요리를 싫어하지만 설거지는 마다하지 않는 사람은 당연히 설거지를 한다. 이런 식으로 각자 하는 일은 다르지만 상호 이해와 협동 정신이 구현된 캠핑에서는 사유재산권에 입각한 불평등한 상황이 발생하지는 않는다.[332]

이와 같이 캠핑에서는, 그리고 다른 복잡하지 않은 활동에서도, 사람들은 공동의 관심사에 대해 서로 협동하고 가능한 한 자기 능력 안에서 다른 사람들의 즐거움과 휴식을 위해 공헌하고 자신도 즐기고 쉴 수 있다. 이러한 상황에서는 평등을 극도로 반대하는 사람조차도 평등과 상호호혜의 규범을 받아들이고 당연한 것이라고 생각할 것이다. 대부분의 사람들은 이러한 규범을 너무나 당연한 것으로 생각해 캠핑 온 사람이면 그 누구도 의문을 제기하지 않는다. 만약 의문을 제기한다면 캠핑을 오지 말았어야 한다. 이와는 반대로 캠핑에서 각자 가지고 온 물품들과 재능에 대해 각자의 권리를 주장하는 상황을 상상해 볼 수도 있다. 그렇다면 누가 누구에게 얼마를 지불해야 하는지에 대한 협상이 진행될 것이다. 예를 들어 감자를 썰기 위해 칼을 빌릴 경우 얼마를 지불해야 하는지, 그리고 그렇게 썬 감자를 다른 이들에게 얼마를 받아야 할지를 말이다. 이 경우는 시장 교환과 필요한 물품에 대한 엄격한 사유재산권 원리에 근거해 캠핑을 하는 것이다. 그러나 통상적으로 그런 일은 벌어지지 않는다. 즉 캠핑에서는 사회주의적 이상이 구현될 수 있는 것이다.[333]

그는 집단적 재산과 계획된 상호 호혜에 입각한 사회주의적 방식이 캠핑을 하는데 그나마 가장 좋은 방식임에 틀림없다는 자신의 주장을

---

332 G. A. Cohen, *Why not Socialism?*, pp.3~5.
333 *Ibid.*, pp.5~6.

명료하게 하기 위해 다음과 같은 상황의 예를 든다.

1) 해리는 낚시를 좋아하고 또 썩 잘 한다. 그리하여 그는 다른 이들보다 더 많은 물고기들을 잡아 줄 수 있다. 그런데 그 이유로 해리가 식사를 하면서 자기가 더 좋은 물고기를 먹어야 한다고, 예를 들어 잡어와 쏘가리를 섞은 것보다는 쏘가리만을 먹겠다고 하면서 불만을 터트리면 다른 동료들은 이에 반대할 것이다. 다른 동료들도 낚시는 안 했지만 해리만큼 식사를 위해 수고를 했다는 것이다. 물론 동료들은 해리가 훌륭한 낚시꾼이라는 점을 인정하고 그러한 특별한 재능에 대해 해리가 자부하는 것은 당연하다는 점에 대해서는 이의를 제기하지 않겠지만, 그렇다고 해서 그에게 더 많은 보상을 해야 한다고 생각하지는 않는다. 2) 각자 세 시간 동안 주변 지역을 탐사한 다음, 실비아가 돌아와 흥분한 목소리로 자기가 수풀을 헤치고 가서 사과가 엄청 많이 달린 사과나무를 발견했다고 외치면서 자기 때문에 사과 파이도 사과 소스도 만들게 되었으니 자기에게 텐트 안에서 더 넓은 자리를 할애하고 아침 식사에 더 많은 반찬을 달라고 요구한다면, 마찬가지로 동료들은 반발할 것이다.

3) 오솔길을 걷다가 사람들은 다람쥐가 미처 잣을 따지 못한 잣나무를 발견했다. 그런데 유독 레슬리는 잣을 까는 기술이 어렸을 때부터 남달랐다. 이에 레슬리가 잣을 까는 요령과 기술을 가르쳐 줄 테니 그에 대해 보상해 달라고 하면 동료들은 실비아의 경우와 다를 바가 없다고 생각할 것이다.

4) 모간은 옛적 아버지가 캠핑하던 장소를 알아내고는 아버지가 언덕 너머에 연못을 파고 좋은 물고기들을 풀어 놓았다고 말한다. 아버지가 자기가 언젠가 이곳에 올 줄 알고 그렇게 했다는 것이다. 모간은 그렇기 때문에 자기에게 남들보다 더 좋은 식사를 할 권리가 있다고

주장한다면 동료들은 그 얘기를 듣고 눈살을 찌푸리거나 모간의 탐욕에 혀를 찰 뿐이다.[334]

이러한 예화를 통해 코헨이 말하려고 하는 것은 사회주의가 자본주의보다 우월한 이유는 두 가지 도덕적 원리에 기초해 있기 때문이라는 것이다. 그 하나는 평등의 원리요 다른 하나는 공동체의 원리다. 이러한 그의 생각은 사회주의가 지향하는 평등은 역사에서 필연적으로 도래하기 때문에 그것이 도덕적으로 옳다는 것을 굳이 따져 볼 필요가 없다는 고전적 마르크스주의자들의 오류를 거부하는 것이다. 고전적 마르크스주의자들은 자본주의의 모순이 심화됨에 따라 노동 계급의 조직화가 보편화 돼 드디어 불평등한 사회를 전복하게 될 것이라고 믿었다. 그러나 역사적으로 볼 때 이것은 실현되지 않았다. 노동 계급은 기술의 발전으로 인해 분화되고 하나로 통일된 다수가 되지 못했다. 또한 고전적 마르크스주의자들은 생산력의 발전은 노동 계급에게 풍요를 가져다주어 그 평등이 유지될 수 있다고 믿었지만 그것은 생태계의 근본적인 한계에 막혀 실현될 수 없는 것이었다. 따라서 이제 마르크스주의자들이 해야 할 일은 사회주의의 어떤 점이 도덕적으로 우월한 것인지를 따져 보고 옹호해야 하는 것이라고 그는 주장한다.[335]

6. 자유주의적 평등을 넘어 사회주의적 평등으로

그렇다면 그가 말하는 사회주의적 평등은 무엇인가? 그는 그것을

---

334 *Ibid.*, pp.7~10.

335 G.A. Cohen, *Self-Ownership, Freedom, and Equality*, pp.6~12. pp.116~143.

자유주의적 평등과 비교해 다음과 같이 설명한다. 자유주의적 평등의 첫 번째 역사적 예는 부르주아적 기회 평등이라고 부를 수 있는 것인데, 그것은 봉건제를 극복하고 나타난 자유주의 시대를 특징짓던 기회의 평등이다. 부르주아적 기회의 평등은 사회적으로 구성되어 있었던 신분이 삶의 기회를 형식적으로든 비형식적으로든 제약하던 것을 제거했다. 형식적인 신분적 제약의 한 예가 농노들이 봉건적 제약 아래서 노동을 했다는 것이다. 비형식적인 신분적 제약의 한 예는 비록 인종주의적 법률은 제거되었지만 인종주의적 의식에서는 벗어나지 못한 사회에서 '틀린' 피부색을 지닌 사람들이 그것 때문에 고통을 겪어야 했다는 것이다. 이러한 첫 번째 형식의 기회의 평등은 잘못된 권리의 분배와 편파적인 사회적 편견이 야기한 기회에 대한 제약을 제거함으로써 사람들의 기회를 넓혀 주었다.[336]

자유주의적 평등의 두 번째 예는 자유주의 좌파의 기회의 평등이다. 그것은 부르주아적 기회의 평등을 넘어 선다. 왜냐하면 그것은 부르주아적 기회의 평등은 방해하지 않지만 분명히 존재하는 어떤 사회적 환경의 제약적 효과를 제거하려고 하기 때문이다. 즉 그것은 희생자들에게 열등한 신분을 부여함으로써 제약을 가하는 것이 아니라 그들을 근본적으로 불리한 여건 속에서 노동하고 살아가게 함으로써 제약을 가하는 태생과 양육이라는 사회적 환경의 제약을 제거하려고 하기 때문이다. 자유주의 좌파의 기회의 평등이 표적으로 삼는 불리한 여건은 직접적으로 개인의 환경에서 기인하는 것이지 우열이 매겨진 권리를 배분하고 편파적인 사회적 편견을 고정시킴으로써 제약적 효과를 발휘하는 것은 아니다. 자유주의 좌파의 기회의 평등을 증진시키는 정책

---

336 G. A. Cohen, *Why not Socialism?*, pp.14~15.

의 한 예는 궁핍한 환경의 어린이들에게 취학 전 교육을 시키는 것이다. 이러한 자유주의 좌파의 기회의 평등이 충분히 실현될 때, 인간의 운명은 전적으로 그들의 사회적 배경에 의해서가 아니라 그들의 타고난 재능과 선택에 의해서 결정된다.[337]

이렇듯 자유주의 좌파의 기회의 평등은 사회적으로 불리한 여건을 수정할 수는 있다. 그러나 타고난 불리한 여건은 수정하지는 못한다는 데 문제가 있다. 그리하여 그는 사회주의적 기회의 평등은 이러한 태생적 차이에서 오는 불평등을 정의의 또 하나의 심각한 방해물로 간주하고 그것을 극복하려고 한다는 점에서 자유주의적 평등과는 다르다고 주장한다. 태생적 차이는 인간이 선택하지 않은 또 하나의 사회적 배경으로서 불평등을 야기하기 때문에 그것도 극복의 대상이 되어야 한다는 것이다. 즉 사회주의적 기회의 평등은 자신이 선택하지 않은 모든 불리한 여건들을 수정하려고 한다. 다시 말해 그 여건에 처한 당사자들이 아무리 따져 보아도 도저히 자신들의 책임이라고 할 수 없는 불리한 여건들은 사회적 불행을 반영하는 것이든 자연적 불행을 반영하는 것이든 수정되어야 한다는 것이다. 그리하여 사회주의적 기회의 평등이 통용될 때, 결과물의 차이는 단지 취향과 선택의 차이를 반영할 뿐이지 자연적, 사회적 능력과 역량의 차이를 반영하지는 않게 될 것이라고 그는 확신한다.[338]

그리하여 그는 사회주의적 기회 평등 아래서는 수입의 차이는 단지 개인의 서로 다른 선호의 차이를 반영할 때만 정당하다고 주장한다. 즉 어떤 이들은 더 벌기를 좋아하고 또 어떤 이들은 더 쉬기를 좋아할

---

337 *Ibid.*, pp.16~17.
338 *Ibid.*, pp.17~18.

때 나타나는 차이가 그것이다. 인간의 취향의 차이는 소비 품목에서 뿐만 아니라 조금 일하고 조금 쓰려고 하는 것과 많이 일하고 많이 쓰려고 하는 것 사이에서도 드러난다. 일이 먼저냐 쉬는 것이 먼저냐 하는 선호의 차이는 원리상으로는 사과가 좋은가 오렌지가 좋은가 하는 것의 차이와 다를 바 없다는 것이다. 각자가 자신의 선호의 결과에 만족을 얻고 그것을 통해 남들과 대등하게 삶을 즐길 수 있다면 이러한 선호의 차이를 반영하는 혜택과 부담의 차이를 나쁜 것이라고 반대할 수는 없다는 것이다. 그러한 혜택과 부담의 차이가 곧 혜택과 부담의 불평등이라고 볼 수는 없기 때문이다.[339]

여기서 주목할 점은 그가 말하는 평등은 '기회'의 평등이지 '결과'의 평등이 아니라는 점이다. 따라서 사회주의적 기회 평등이 실현된다고 해도 당사자의 선택에서 기인하는 결과의 불평등이 존재할 수 있다는 것이다. 예를 들어 취향의 차이로 나타나는 결과의 불평등과 의도적인 도박의 경우에서 나타나는 자유의사에서 기인하는 결과의 불평등은 사회주의적 기회 평등과 양립할 수 있다는 것이다. 그는 사회주의적 기회의 평등과 양립하는 불평등 가운데 실로 문제가 되는 불평등은 철학자들이 선택 운이라고 부르는 것의 차이에서 오는 불평등이라고 지적한다. 선택 운의 표준적인 예가 나타나는 경우가 바로 자신이 하고 싶어서 한 도박이다. 우리 모두 도박하는 것을 좋아해서 각자 평등하게 똑 같은 돈을 가지고, 여러 면에서, 즉 성격이나 재능이나 환경이 거의 같은 상황에서, 도박을 시작했다고 하자. 그러면 그 결과는 누구는 잃고 누구는 딴 것으로 나타난다. 그는 이러한 불평등은 사회주의적 기회의 평등과 양립한다고 본다. 왜냐하면 우리 모두 근본적으로 같은 기회

---

339 *Ibid.*, pp.18~19.

를 더군다나 같은 방식으로 이용했기 때문이다.[340]

코헨은 이러한 형식의 불평등이 꼭 좁은 의미의 도박의 결과로만 나타나는 것이 아니라고 지적하면서, 자본주의적 시장에서 불평등이 야기될 때 이러한 선택 운의 요인이 작용한다고 주장한다. 즉 시장적 행위는 꼭 그런 것은 아니지만 어디에 돈을 투자하고 노동을 투여할 것인지에 대한 일종의 도박일 수 있다는 것이다. 따라서 그는 시장에서 야기된 어떤 불평등은 사회주의적 기회의 평등과 부분적으로 양립할 수 있다고 본다. 그러나 시장의 불평등이 순수한 시장의 운에서 기인하는 범위를 과장해서는 안 된다고 그는 강조한다. 왜냐하면 시장에서의 도박은 표준적인 도박과는 근본적으로 다르기 때문이다.[341]

그는 이러한 운에 의한 불평등이 정의의 원칙에 위배되지는 않아도 사회주의가 묵과해서는 안 될 것 중의 하나라고 본다. 그러한 불평등이 심화되면 공동체는 병들기 마련이기 때문이다. 그리하여 그는 사회주의에서 반드시 필요한 것이 공동체의 원리라고 주장한다.

7. 시장을 넘어 사회주의적 공동체로

표준적인 도박의 경우 그것을 할 것인지 말 것인지는 개인의 선택에 달렸다. 즉 그것은 피할 수 있는 것이다. 그러나 시장 사회에서 시장을 피해 가기란 어렵다. 그 어떤 시장 사회에서도 거기에서 퇴장하려고 하면 그 시장 사회가 정해 놓은 조건에서만 접근 가능한 수단을 통해서

---

340 *Ibid.*, pp.30~31.

341 *Ibid.*, p.32.

만 가능하다. 따라서 시장은 탈출하기 어려운 도박장이라고 말 할 수 있다는 것이다. 그리고 그것이 야기하는 불평등은 바로 그 이유 때문에 불의로 얼룩진 것이라고 말 할 수 있다고 그는 단언한다. 그리하여 자본주의 국가에서 빈부의 메울 수 없는 차이는 대부분 운 때문이 아니라, 자신이 선택한 도박 운 때문이 아니라, 오히려 피할 수 없는 도박과 그 잔인한 운 때문이라고 할 수 있다는 것이다.[342] 이렇게 볼 때 자본주의 시장이 야기하는 불평등을 치유하기 위해서는 사회주의적 평등의 구현과 함께 공동체의 원리가 요청된다. 그가 말하는 공동체의 원리는 서로 돌봄과 나눔의 원리다. 그것은 대가를 바라고 행하는 것이 아니고 그렇게 할 수 있으니까 행하는 것이다. 즉 자본주의 시장을 지배하는 상호 호혜의 원리가 아니라 동료 인간에 대한 헌신의 정신이 바로 코헨이 말하는 공동체의 원리이다.[343]

그는 어떤 불평등들은 사회주의적 기회 평등의 이름으로 금지될 수 없지만 그럼에도 불구하고 공동체의 이름으로는 금지되어야 한다고 말한다. 그는 이것을 다시 캠핑의 예로 돌아가 설명한다. "우리 모두 수수한 식사를 해야 한다. 그런데 당신은 값비싼 물고기들이 사는 연못을 가지게 되었다. 유산 상속을 통해서도 아니고 트집을 잡아서도 아니고 또한 운 좋게 남보다 뛰어난 탐사 능력을 지니고 있어서도 아니다. 단지 정의의 관점에서 누구도 비난할 수 없는 선택 운에 전적으로 기인한 것이다. 즉 우리 모두 참여한 제비뽑기를 통해 당첨된 것이다. 그렇다면 여기에 불의가 존재한다고 할 수 없다. 그러나 당신의 행운은 분명히 우리들의 공동생활로부터 당신을 분리시킨다. 그리고 공동체

---

342 *Ibid.*, p.33.
343 *Ibid.*, pp.34~35.

의 이상은 그것을 비난할 것이다. 따라서 그러한 제비뽑기를 한다는 것 자체를 비난할 것이다."[344]

그는 공동체적 돌봄의 또 다른 표현은 캠핑의 예에서 상호호혜라는 공동생활의 형식으로 나타난다고 지적한다. 그런데 그것은 시장에서 나타나는 상호호혜와는 대비된다는 것이다. 그는 공동생활의 상호호혜는 반시장적 원리라고 단언한다. 그것은 서로가 반대급부를 생각하고 돌보는 것이 아니라 서로가 필요해서 돌보는 것이기 때문이다. 즉 시장은 동료 인간에 대한 헌신과 서로 돌봄에 기초해 생산의 동기를 부여하지 않는다는 것이다. 그는 시장은 단지 현금 보상의 기초 위에서 작동할 뿐이라고 비판한다. 시장에서는 남을 돌보는 것은 남들도 그 대가로 자신을 돌보아야 한다는 것을 전제로 하기 때문이다. 남을 돌보는 것이 남이 자신을 돌보는 것으로 돌아오지 않는 한 남을 돌보지 않겠다는 것이다. 그는 시장 사회에서 생산적 행위의 직접적인 동기는 전형적으로 탐욕과 공포의 어떤 혼합물이라고 규정한다. 즉 시장 내의 대등한 사람들을 주로 돈을 벌 수 있는 원천으로 그리고 성공의 위협으로 볼 수 있게 하는 것이 시장적 행태인 한 그것은 탐욕과 공포의 혼합물이라는 것이다. 자신이 원하는 어떤 것을 얻기 위해서든지 아니면 피하고 싶은 것을 피하기 위해서 남을 돌보는 것이다. 이렇듯 시장에서 사람들은 남들과의 협동 그 자체를 가치 있는 것으로 생각하지 않는다. 즉, 돌보는 사람이 돌봄을 받고 돌봄을 받는 사람이 돌본다는 연대 자체를 가치 있는 것으로 생각하지 않는다. 그는 이것을 다른 사람을 보는 '끔찍한' 방식이라고 개탄한다. 그리고 그것은 수세기의 자본주의 문명의 끔찍한 결과라는 것이다.[345]

---

344 *Ibid.*, pp.37~38.

코헨은 이와는 반대로 사회주의적 비시장적 협동자들은 협동 그 자체를 좋아해야 한다고 주장한다. 사회주의자들은 서로를 돌보아야 하고 남을 돌본다고 해서 그것을 희생이라고 생각해서는 안 된다는 것이다. 이것이 바로 사회주의적 연대이고 그것은 그 자체가 가치가 있다고 그는 강변한다. 바로 그것이 사회주의의 도덕적 우월성이라는 것이다. 왜냐하면 사회주의의 공동체적 연대는 남을 돌보는 것을 남도 그렇게 하기 위한 수단으로 생각하지 않기 때문이다. 이렇듯 사회주의적 공동생활의 상호호혜 하의 인간관계는 시장-수단적 상호호혜가 아니라 비수단적 그것이다. 그는 자본주의 시장-수단적 그것은 내가 얻기 때문에 주겠다는 것이지만, 사회주의의 비수단적 그것은 네가 필요로 하니까, 아니면 원하니까 주겠다는 것이라고 자부한다. 그러나 시장 교환에서 동기는 대부분 탐욕과 공포로 구성되어 있기 때문에, 시장 행위 안에서 개인은 다른 사람이 얼마나 잘 사는지 혹은 잘못 사는지에 대해 근본적으로 관심이 없다고 그는 비판한다. 시장에서 협동하는 것은 협동 그 자체가 좋은 일이라고 여기기 때문이 아니라, 나와 남이 다 잘 살기를 원하기 때문이 아니라, 협동을 해야 얻으려고 하는 것을 얻을 수 있음을 알기 때문일 뿐이라는 것이다. 모든 유형의 사회에서 인간들은 필연적으로 서로를 돕는다. 사회는 상호 부조의 네트워크이다. 그러나 시장 사회에서 상호의존은 근본적으로 상호 호혜적이지 않은 태도의 부산물에 지나지 않는다고 그는 단언한다.[346]

코헨은 이러한 공동체적 삶에 대한 비판의 핵심은 그것이 개인의 선택권을 제한한다는 것이라고 파악한다.[347] 즉 자유주의적 개인주의

---

345 *Ibid.*, pp.39~42.

346 *Ibid.*, pp.43~45.

347 그의 주장을 "중앙위원회"라는 위로부터 부과되는 통제라는 비판에 대해서는 다음을

자들은 사회에서 불평등과 인간에 대한 도구적 취급이 나타난다고 해도 개인의 선택권은 존중되어야 한다고 주장한다. 이러한 주장에 대해 그는 그러한 권리는 타인의 개인적 선택과도 공정하게 아우러져야 한다는 제약을 자발적으로 받아들일 때 존중되는 것이라고 강변한다. 즉 공동체적 삶에서는 구성원들 간의 상호의존이 기획을 위한 자료로서 공동의식을 만들어내고 그 안에서 개인의 선택이 이루어진다는 것이다. 그리고 그는 자본주의 시장 사회에서도 개인의 선택이라는 것도 따지고 보면 타인의 선택에 의해 제한받고 있다고 주장한다. 단지 그것이 감추어지고 있을 뿐이라는 것이다. 예를 들어 시장 사회에서 한 사람이 날품팔이라도 할 것인가 아니면 걱정만 하다가 굶주릴 것인가를 선택해야 한다고 하자. 이때 그의 선택은 이미 다른 사람들의 선택의 결과가 제한을 가해 마지못해 할 수 밖에 없는 것이지 그 사람만의 전적으로 주체적인 선택은 아니라는 것이다.[348]

8. 시장 사회주의: 하나의 대안?

그의 이러한 시장에 대한 혐오는 현실 사회주의의 대안으로 지난 세기 말부터 나타난 시장 사회주의에 대한 비판으로 이어진다. 그렇다

참조. Jan Narveson, "Libertarianism vs. Marxism: Reflection on G. A. Cohen's *Self-Ownership, Freedom, and Equality*", *Journal of Ethics*, 2. (1998), pp.1-26; 또한 그의 주장을 일원주의로 규정하고 평등과 공동체가 아무리 좋은 이상이라고 해도 일원적 목표가 될 수 없으며 개인적 선택을 통해 창의성과 다양성을 발휘하는 것도 중요한 목표라는 비판에 대해서는 다음을 참조. Miriam Ronzoni, "Life is not a Camping Trip-on the Desirability of Cohenite Socialism", *Politics, Philosophy & Economics*, 11.2.(2012), pp.171~185.

348 G. A. Cohen, *Why not Socialism?* (Princeton, Princeton University Press, 2009), pp.46-49.

고 해서 그가 시장 사회주의에 대해 전적으로 부정적인 태도를 취한 것은 아니다. 그는 시장의 효율성은 살리면서 동시에 그 악마성을 최대한으로 제압할 수 있는 제도를 찾아보자는 시장 사회주의는 그래도 무엇인가를 찾아나서야 한다는 소중한 시도라고 평가한다.[349] 코헨이 시장 사회주의의 대표적인 예로 드는 로머의 구상에 따르면, 각각의 시민들은 국가의 총 자본 자산에 대해 일인당 각자의 지분을 생득권으로 보장받는다. 시민들은 주식 시장에서 자기의 지분이 표시된 증권을 자유롭게 사고 팔 수 있다. 그리하여 기술이 좋거나 운이 따르면 다른 시민들보다 더 많은 주식과 지분을 아니면 둘 중 하나를 챙길 수 있다. 그러나 그것을 팔아 대저택, 요트, 명품 의상 같은 것들을 살 수는 없다. 기업의 지분은 일상적인 돈으로 바꿀 수는 없는 것이다. 또 돈으로 살 수 있는 것도 아니다. 단지 다른 지분으로 바꿀 수 있고 그것으로 살 수 있을 뿐이다. 그리고 시민이 죽으면 그 지분은 국고로 환수되어 새로운 생득권적 지분을 창출하게 된다. 반면에 노동 시장은 다른 방식으로 바뀌지 않고 그대로여서 그 불평등은 남아 있다. 그러나 이제는 예전과는 다르게 자본 대 노동의 구분이 야기하는 불평등의 심화와 양극화는 일어나지 않는다. 이렇게 하면 따로 존재하는 자본가 계급은

---

349 시장 사회주의에 대해서는 다음을 참조. David Miller, "Socialism and the Market", *Political Theory*, 5.4.(1977), pp.473~489, *Market, State, and Community*; (Oxford, Oxford University Press, 1989); Joseph Carens, *Equality, Moral Incentives, and the Market, An Essay in Utopian Politico-Economic Theory* (Chicago, The University of Chicago Press, 1981); Alec Nove, *The Economics of Feasible Socialism Revisited* (London, Unwin Hyman, 1991), 대안체제연구회 옮김, 『실현가능한 사회주의의 미래』, 백산서당, 2001 ; Pranab K. Bardhan and John E. Roemer, ed, *Market Socialism: The Current Debate* (Oxford, Oxford University Press, 1993); John E. Roemer, *A Future for Socialism* (Cambridge, M. A. Harvard University Press, 1994), 고현욱·강문구 옮김, 『새로운 사회주의의 미래』, 한울, 1994.

없어지지만 자본주의 시장의 효율적인 결과물들은 다른 수단을 통해 얻을 수 있다는 것이 로머의 주장이다.

코헨이 시장 사회주의에 어느 정도 호의를 보이는 이유는 그것이 시장이 지니고 있는 순기능를 포용하려고 하기 때문이다. 그 순기능이란 바로 시장의 정보 기능이다. 즉 시장 가격의 정보 기능은 얼마나 많은 사람들이 현존하는 재화와 용역을 구입하기 위해 기꺼이 희생할 것인지를 알려 준다. 그것은 사람들에게 재화가 얼마나 가치 있는 것으로 평가 받고 있는지를 보여주며, 이를 통해 또한 무엇이 생산할 만한 것인지를 알려 준다는 것이다. 그런데 고전적 마르크스주의자들은 이 기능을 무시했다고 그는 비판한다. 즉 고전적 마르크스주의는 시장 경제는 계획 경제가 아니기에 너무 낭비적이라고 지적한다. 그런데 역사적으로 볼 때 중앙 계획 경제는 선호와 생산가능성에 대한 정보를 제대로 파악하지 못해서 실패했다고 그는 지적한다. [350]

그러나 그는 시장의 동기 기능에 대해서는 부정적인 입장을 견지한다. 시장 가격은 문제가 되는 재화를 사람들에게 공급해 주는 동기를 부여한다. 시장 공급자들은 그들 자신의 수익을 위해 사람들이 기꺼이 지출하려고 하는 돈을 손에 넣으려고 하는데, 여기서 앞서 말한 저급한 동기인 탐욕과 공포가 작동한다는 것이다. 따라서 그는 시장의 동기 기능을 제거하면서 시장의 정보기능을 보존하는 것이 실제적으로 가능한 것인지를 따져 보아야 한다고 주장한다. 즉 시장 사회주의의 성패 여부는 시장의 동기부여 없이도 그리하여 그 보상의 시장적 분배 없이도 생산에서 시장의 효율성을 유지할 수 있을까에 달려 있다는 것이다.[351]

---

350 G. A. Cohen, *Self-Ownership, Freedom, and Equality*, pp.259-260.

코헨은 시장 사회주의가 이 문제를 해결하지 못한다고 판단한다. 물론 그것이 경제를 중앙 계획적이지 않은 방법으로 조직하지는 않지만 생산 수단을 공유하고 있다는 점에서는 사회주의가 맞다. 그것은 노동자들 자신이 즉 전체 인구가 기업의(반드시 자신이 일하고 있는 기업은 아니지만) 자본을 소유하기 때문에 자본을 소유하지 않은 노동자들 대 자본가 계급이라는 대결 구도가 존재하지 않는다는 점에서는 사회주의라는 것이다. 그렇다고 해도 시장 사회주의는 그 노동자들 혹은 공기업들이 서로 그리고 소비자들도 서로 시장에서 경쟁한다는 점에서는 전통적인 사회주의와는 다르다고 그는 단언한다. 즉 그것은 시장의 동기 기능에서 벗어나지 못한다는 것이다. 따라서 시장 사회주의는 이러한 시장 경쟁으로 평등이 손상되기 때문에 경제적 평등을 강조해 온 전통적인 사회주의와는 다르다는 것이다. 뿐만 아니라 시장 사회주의 하에서 교환 행위는 자본주의 하에서 그것과 진배없기 때문에 공동체도 시장 사회주의에서는 손상된다는 것이다.[352]

그는 사회주의적 표준으로 보면 그 체제에는 우연히 비범한 재능을 가지고 태어난 사람들과 생산적 협동을 아주 잘 하는 사람들이 너무 많은 보상을 받는 불의가 존재한다고 주장한다. 그리고 시장 사회주의가 전통적인 사회주의와는 달리 개인의 공헌에 대한 보상을 시장을 통해 약속하기 때문에 분배 정의를 실현한다는 주장은 사회주의의 기본 원리에 위배된다고 그는 강조한다. 사회주의의 기본 원리는 공헌과 보상은 별개라는 점을 분명히 하는 것이라고 그는 강변한다. 즉 많이 생산했다고 많이 가져야 하고 덜 생산했다고 덜 받아야 하는 것이 아니

---

351 G. A. Cohen, *Why not Socialism?*, pp.61~63.
352 *Ibid.*, p.69.

라는 것이다. 마르크스의 말처럼 능력에 따라 일하고 필요에 따라 갖는 것이 사회주의의 철칙이라는 것이다. 그는 공헌에 대한 보상은 부르주아적 원리로서 개인의 재능을 자연적 특권으로 인식하는 것이라고 비판한다. 따라서 그는 시장 사회주의가 자본의 차별적 소유에서 기인하는 소득의 불평등은 제거할 수 있어도 타고난 개인의 역량의 차이에서 발생하는 그것은 보전한다는 한계를 극복할 수 없다고 비판한다.[353]

코헨은 이어서 시장 사회주의가 자본주의 시장의 경제적 효율성을 상실하지 않으면서 사회주의적 목표를 달성할 수 있다는 주장을 비판한다. 사회주의가 자본주의보다 덜 효율적이라고 해서 자본주의를 지켜야 한다거나 시장 원리를 도입해야 한다고 주장해서는 안 된다는 것이다. 왜냐하면 따지고 보면 효율성은 단지 여러 가치 중 하나일 뿐이기 때문이다. 효율성이라는 가치가 조금만 훼손돼도 그것을 막기 위해 평등과 공동체라는 가치를 그 어떤 대가를 치루더라도 희생시켜야 한다는 주장은 균형을 잃은 것이라고 그는 비판한다. 여기서 효율성은 사람들이 그들의 삶의 질을 그리고 동료 시민들과의 관계의 질을 따지지 않을 때 그들이 원하는 재화와 용역을 공급해 주겠다는 것을 의미할 뿐이다. 과연 재화와 용역을 원활하게 더 많이 공급 받겠다고 동료와의 관계는 희생시켜도 되는 것이냐고 그는 되묻는다.[354]

---

353 G. A. Cohen, *Self-Ownership, Freedom, and Equality*, pp.256-259.

354 G. A. Cohen, *Why not Socialism?*, pp.73-74; 이러한 그의 시장 사회주의에 대한 비판에 대해 시장 사회주의를 현 시점에서 실현 가능한 이행의 한 과정으로 보아야 한다는 주장에 대해서는 다음을 참조. Pablo Gilabart, "Debate: Feasibility and Socialism", *Journal of Political Philosophy*, 19.1 (2011), pp.52-63.

9. 맺음말

이렇듯 코헨은 사회주의를 고전적 마르크스주의자들과는 달리 변증법적 역사 철학과 정치 경제의 측면에서 접근하지 않는다. 따라서 그는 사회주의의 도래를 역사적 필연성의 결과라고 생각하지도 않고 중앙 계획 경제의 우월성을 주장하지도 않는다. 그것은 이미 역사를 통해 그 실효성을 상실했기 때문이다. 그 대신 그는 사회주의를 우리의 사회적 삶이 좀 더 인간적인 삶이되기 위해 필요한 사회적 윤리라고 생각한다. 그리고 그가 예로 든 캠핑이라는 공동생활에서 구현되는 평등과 공동체의 원리가 그 핵심이라고 주장한다.

문제는 그것을 인간의 사회적 삶의 전체적 국면으로 확산시킬 사회적 기술을 아직 모른다는 것이라고 그는 고백한다. 그렇다고 해서 그것을 영원히 모를 것이라고 단념하면 안 된 다고 그는 강조한다.[355] 예를 들어 대처리즘을 흉내 낸 영국 노동당의 토니 블레어 노선과 이를 뒷받침한 소위 제3의 길은 패배주의에 불과하다는 것이다. 위기의 시대에 필요한 것은 노선의 수정이 아니라 그 노선의 핵심과 주장에 대한 확신과 실천의지를 더욱 공공하게 다지는 것이라고 그는 힘주어 말한다. 즉 자본주의 시장원리에 유혹되지 말고 사회주의의 원리인 평등과 공동체 정신을 고수해야 한다는 것이다.[356]

이렇듯 코헨의 사회주의는 현대 서양 사회를 지배해온 두 이념에 대한 비판으로 구성되어 있다. 하나는 교조적 마르크스주의와의 결별이고 다른 하나는 자본주의 시장 체제를 받쳐주고 있는 자유주의의

---

[355] *Ibid.*, pp.75~76.

[356] G. A. Cohen, *On the Currency of Egalitarian Justice and Other Essays in Political Philosophy*, pp.211~224.

두 갈래인 자유지상주의와 평등주의적 자유주의에 대한 거부이다. 지난 세기 말부터 펼쳐진 새로운 상황의 전개는 그 어떤 이념도 그 혼란을 극복할 수 있는 길을 제시해 주지 못한다는 위기로 치닫고 있다. 코헨은 우리는 아직 그 길을 찾지 못했지만 우리가 발을 들여놓았던 길들이 왜 잘 못된 길인지는 알아야 한다고 말하고 있다.

2013년 7월에 들어와 경상남도는 진주의료원을 폐쇄시켰다. 소위 강성 노조 때문에 누적 적자가 산덩이처럼 불어나 지자체가 감당하기에는 힘에 겹다는 이유에서였다. 그러나 그것은 표면적으로 내세우는 핑계에 불과하고 그 밑바탕에는 공공의료의 필요성을 깊이 인식하지 못하는 신자유주의적 발상이 자리 잡고 있다는 것이 보건의료 노조와 시민사회단체의 공통된 주장이다. 모든 것을 개인의 책임과 효율성이라는 기준에 맞춰 재단하려는 신자유주의적 관점에서 보면 공공의료 사업은 애초부터 잘못된 것이었다. 왜냐 하면 개인의 질환은 개인이 알아서 치유해야지 공적 기금을 투여할 성격의 것은 아니기 때문이다. 또한 그렇게 공적 기금을 투여하다 보면 도무지 수지를 맞출 수도 없기 때문이다. 따라서 공공의료기관보다 인적 물적 자원이 훨씬 좋은 민간 의료기관도 많은 데 굳이 공공의료기관을 운영할 필요가 없다는 것이다.

이 사태에 대한 공영 방송의 보도는 공공의료기관도 수익을 창출할 수 있다는데 초점을 맞추었다. 어떻게 공공의료기관을 운영하면 적자를 보지 않는지 사례를 들며 보도할 뿐 공공의료의 필요성에 대한 사회적 합의를 이끌어 내려는 노력은 보여 주지 않았다. 야당과 정부 일각에서 이 문제 해결을 위해 미미한 노력을 했지만 끝내 진주의료원의 폐쇄를 막지는 못했다. 아무튼 이 사태는 우리 사회의 공공성의 현주소를 여실히 보여주는 예라고 할 수 있다. 그러나 이것은 비단 우리나라만의 문제는 아니다. 미국에서는 오바마 행정부의 의료 개혁이 하원의 다수당인 공화당의 완강한 반발에 가로 막혀 진척을 보지 못하고 있다. 세계의 최강국이라고 자타가 인정하는 나라에서 돈이 없어서 병에 걸려도 치료받지 못하는 인구가 적지 않다는 것은 이제 공공연한 사실이다. 금융 위기의 여파에서 아직 벗어나지 못하고 있는 그리스와 에스파냐와 같은 몇몇 국가에서는 공공 의료 부분에서 제일 먼저 국가의 지출을 줄였다.

인간의 기본권인 생명권을 담보하는 건강과 질병치료의 문제를 공공의 문제가 아니라 개인의 사적 문제라고 여기는 이러한 발상은 도대체 어디에 뿌리를 둔 것일까? 그것은 두 말할 필요도 없이 바로 자유주의다. 이 책에서 다룬 지식인들은 자유주의가 어떻게 사회의 공공성을 훼손하는지를 잘 보여주고 있다. 자유주의는 개인의 자유와 권리를 앞세우지만 그것은 어디까지나 개인의 능력 범위 안에서 누리고 행사할 수 있는 것이다. 자유주의는 물론 그 능력은 공정한 경쟁을 통해 누구라도 갖출 수 있는 것이라고 말한다. 따라서 능력이 있으면 남보다 더 좋은 병원에서 치료받을 수 있는 자유와 권리가 있다는 것은 도덕적으로 틀리지 않았다는 것이다. 그리고 누구도 이에 간섭해서는 안 된다는 것이다. 우리 사회 일각에서 제기되는 영리 병원의 설립은 바로 이 원리에 바탕하고 있다. 내가 내 돈 내고 더 좋은 병원에서 치료받겠다는 것은 나와 병원 간의 사적 계약으로서 그 누구도 당사자 간의 계약의 자유를 침해해서는 안 된다고 주장한다면, 그것은 그 결과 많은 병원이 영리를 추구해 의료 수가가 높아지면 많은 사람들이 치료의 혜택을 덜 받거나 못 받게 되는 사회적 문제를 야기할 수도 있다는 공적 문제를 외면하겠다는 것이다.

여기에 대해 그린은 이렇게 말 할 것이다. 자유라는 말은 그 행위가 공동선과 공동의 복지에 부합할 때 쓸 수 있는 것이라고 그래서 국가와 공동체가 당신과 병원 사이에 계약에 간섭하는 것은 당신들의 자유를 침해하는 것이 아니라고. 당신들이 비싼 병원의 설립을 포기해 그만큼 가난한 사람들도 의료 혜택을 더 받을 때 당신들은 진정 자유롭다고 페티트는 이렇게 말 할 것이다. 당신들이 비싼 병원에 가지 못하는 사람들을 그 병원에 가지 못하게 방해하지 않았다고 해서 그 사람들의 자유를 침해하지 않은 것이 아니라고. 당신들은 그 사람들 보다 더 건강해져서 언제라도 마음만 먹으면 그들을 유리한 위치에서 취급 할 수 있으니까. 즉 당신들은 늘 갑이 될 테니까. 국가가 당신들의 계약에 간섭한다고 해서 당신들의 자유를 침해하는 것은 아니라고. 민주적으로 정당하게 입법된 법의 간섭은 자유를 침해하는 것이 아니니까. 샌델은 이렇게 말할 것이다. 비싼 병원을 가겠다는 당신들의 개인적 선택은 그 결과에 대한 질적 평가를 하지 않은 저급한 욕망일 뿐이라고. 그리하여 그러한 욕망에 대항하는 집단적 판단은 존중되어야 한다고 당신의 개인적 선택은 늘 공동체의 타 구성원과의 도덕적 유대감을 느껴야 된다는 도덕적 요청에 의해 견제되지 않으면 안 된다고 코헨은 이렇게 말할 것이다. 우리 모두 이 세상에 캠핑 왔다고 생각해 보라고. 그러면 아무리 당신들이 능력을 키워서건 운 때문이건 출중한 인물이 되었다고 더 좋은 병원에 가겠다고 하겠냐고. 그것은 캠핑 올 때 칼은 내가 가져 왔으니 그 칼로 깍은 감자나 사과 그리고 그 칼로 자른 닭고기는

230

나만 먹겠다고 하는 것과 뭐가 다르냐고. 우리 서로 아무 대가도 바라지 말고 서로를 돌보면서 살자고.

눈을 바깥으로 돌려보자. 오늘날 소위 세계화가 초래한 병리적 현상에 대한 비판의 목소리가 점점 높아지고 있다. 이러한 맥락에서 극단적인 반 세계화 담론을 창출하고 실천에 옮기는 것도 의미가 없다고 할수는 없겠지만, 좀 더 현실적인 방안을 찾아보는 것도 비굴한 태도라고 매도할 수는 없을 것이다. 즉 세계화를 필연적 추세라고 단정하고 그것에 피동적으로 혹은 암묵적으로 편승하지 않고, 이미 세계화된 세계에 대한 좀 더 정의롭고 민주적인 방식의 거버넌스가 어떻게 가능한지를 이론적으로 모색하는 것도 우리가 해야 할 일 가운데 하나인 것은 분명하다. 물론 세계화의 태생적 본질이 근원적으로 그러한 거버넌스를 차단하고 있기 때문에, 그것은 애초에 불가능하고 패배주의적 결과만을 재생산해 지배와 종속의 고리를 강화시키는 일에 일조할 뿐이라고 비판할 수도 있을 것이다. 그렇다고 해서 전 세계의 인민과 민중을 반 세계화 투쟁의 전사로 만들 수도 없음은 물론이고, 전위적 소수의 국제적 연대가 영웅적인 실천에 헌신한다고 해서 그것이 곧바로 전지구적 다중의 전폭적인 참여를 이끌어낼 수 있다고 장담할 수도 없는 것이 현실이다. 단적인 예로 월가에서 일어난 '점령하라' 운동에 '99%'의 참여는 전 세계적으로 들풀처럼 번져나가지 못했다.

그렇다면 이 시점에서 요구되는 것은 먼저 그러한 투쟁을 뒷받침해줄 수 있는 이론적 토대를 더욱 굳건히 다지는 것이다. 세계화가 자유주의와 그것의 오늘날의 또 다른 이름인 신자유주의에 그 이론적 기초를 두고 있다는 것은 명백한 사실이다. 따라서 (신)자유주의를 대체할수 있는 이념을 찾아내고 그것이 어떻게 전 지구적 차원에서 작동할 수 있는지를 타진해 보는 작업이 현 시점에서 절실히 요구된다고 아니 할 수 없다. 다행히도 앞서 보았듯이 지난 세기 중반 이래 자유주의의 맹점을 폭로하고 그 대안을 찾아 온 지식인들 덕분에 우리는 오늘날 신자유주의에 의해 파괴된 공공성의 회복을 위한 이념적 모색을 진행 중에 있다. 그렇다면 싫든 좋든 세계화로 인해 국민 국가의 범위를 넘어 초국가적 혹은 전 지구적 의제 설정과 해결 방안의 모색이 절실히 필요한 이 시기에, 이제는 과연 그러한 이념들을 국가 단위의 정치 공동체를 넘어 보편적 인류 공동체에 어떻게 적용할 수 있는지를 생각 해야 시점에 이르렀다.

이제는 국가 단위를 넘어 초국가적 공공성과 시민성을 고취해야 한 다는 주장은 이미 세계 경제에 대한 국민 국가의 통제력이 약화되어 가고 있었던 1990년대부터 제기되었고 그것은 어떻게 보면 피할 수 없는 선택인 것처럼 보였다. 세계화의 문제점을 해결하기 위해 초국가 적 기구의 수립도 중요하지만 더 절실한 것은 그것을 민주적으로 운영 할 수 있는 초국가적 시민성의 구현이라는 것이다. 왜냐하면, 예를 들 어 유럽 공동체의 경우, 초국가적 기구를 수립한다고 했지만 그것은 선거로 뽑힌 시민들의 대표들보다는 전문 기술 관료들에 의해 운영되 었고 그 결과 유럽은 '기업가들의 유럽'이 되었지 '시민들의 유럽'이 되지는 못했기 때문이다. 오늘날 유럽 금융위기의 현실에서 볼 수 있듯 이 유럽 연합은 시민들의 분노와 열정을 반영하지도 못하고 있으며 헌신과 참여를 유도해 내지도 못하고 있다. 이러한 맥락에서 일찍이 체코 하벨은 오늘날 유럽은 공동의 윤리의 부재로 인해 진정한 통합이 이루어지지 않고 있다고 개탄하면서 유럽 통합의 윤리와 정신이 구현 될 수 있는 가치를 고양하기 위한 범 유럽적 기구의 창설을 제창한 바 있다.[357]

또한 1995년에 출간된 전 지구적 거버넌스 위원회의 보고서는 전 지구적 공공성과 시민성을 고양하고 전 지구적 시민 윤리를 광범위하게 고취시켜 단지 경제적 교환과 개량된 의사소통수단에 기초한 지구촌을 보편적 도덕 공동체로 변형시켜야 한다고 호소했다.[358] 또한 1990년대에 들어와 더욱 활발해진 국제적 환경 운동과 인권 운동으로 인해, 드디어 전 지구적 시장과 미디어의 권력에 저항할 수 있는 전 지구적 시민 사회의 출현이 가능한 것처럼 보이자, 전 지구적 혹은 인류적 연대에 기초한 새로운 탈 영토적 전 지구적 공공성과 시민성에 대한 이론적 모색이 치열하게 전개되었다.[359] 그리하여 초국가적 공공성과 시민성을 고양시키기 위한 시민 교육이 제창되기도 했다. 전 세계의 학생들에게 국민적 정체성을 뛰어넘어 먼저 인류공동체에 대해 충성심을 갖게 하자는 것이다.[360] 이는 세계화가 초래한 여러 문제들을 더 이상 개별적 국민 국가의 차원에서 해결하기가 점점 힘들어 지는 현실에서 전 지구적 거버넌스의 필요성이 절실히 요구되는 현실을 반영한 것이다. 또한 세계화 과정에서 지배적 지위를 차지한 초국가적 자본과 일부 강대국들의 패권적 행태에 저항하기 위해서는 보편적 인류애에 기초한 지구 공동체의 수립을 위한 이론적 모색이 시급했기 때문이기도 했다.

---

357 Vacalv Havel, "Address to the General Assembly of the Council on Europe, Vienna, October 9, 1993", trans. Paul Wilson, in *New York Review of Books*, 40 (1993), p.3.

358 *Our Global Neighborhood: The Report of the Commission on Global Governance* (New York: Oxford University Press, 1995)

359 대표적으로 Jeremy Brecher, John Brown Childs, and Jill Cutler, eds. *Global Visions: Beyond the New World Order* (Boston: South End Press, 1993)

360 Martha Nussbaum, *Cultivating Humanity: A Classical Defence of Reform in Liberal Education* (Cambridge, M.A: Harvard University Press, 1997)

이러한 전 지구적 공공성과 시민성의 모색은 이미 지성사에서 그 예를 찾아볼 수 있다. 주지하다시피 이성을 소유한 존재로서 인간의 보편적이고 자연적인 평등을 믿었던 스토아학파는 시공을 초월한, 즉 개별적 폴리스를 초월한, 자연법이 지배하는 세계로서 코스모폴리스가 존재한다는 것을 인식했다. 스토아학파의 대표적인 철학자였던 마르쿠스 아우렐리우스는 인간들이 공통적으로 지적 능력과 이성을 소유하고 있다는 점이 정 부정을 가르는 법의 원천이고 그러한 법을 또한 공통적으로 가지고 있다는 점이 인간을 공화국의 동료 시민으로 만든다고 주장했다. 따라서 이 세계가 하나의 폴리스라는 것이다.[361]

이러한 스토아 사상을 이어 받은 근대의 정치 철학자 몽테스키외도 자신은 개인이기 이전에 가족의 구성원이며 가족의 구성원이기 이전에 프랑스인이요 프랑스인 이전에 유럽인이고 유럽인이기 이전에 인류의 한 구성원이라는 점을 망각하고 특수한 이익을 추구한다면 그것은 범죄 행위라고 단언했다.[362] 즉 우리가 추구해야 할 공공성은 그 자체가 이미 전 세계적 보편성을 지닌 것이어야 한다는 것이다. 코스폴리타니즘을 부활시키려고 하는 현대 학자들은 지성사에 나타난 이러한 주장들을 강조하고 있다. 코스모폴리타니즘의 기초는 모든 인간이 이성과 인간성을 소유하고 있다는 점에서 평등하고 하나의 보편적 공동체의 구성원이라는 것이다. 그리고 이것은 인간의 도덕적 의무의 대상은 우연적이고 특수한 조직이 아니라 인류 전체라는 것을 의미한다는 것이다.[363]

361 Marcus Aurelius Antonius, *Meditations*, trans. by C.R. Haines (London; Heinemann, 1959), IV. 4.

362 Montesquieu, *Mes pensées* in Roger Chaillois, ed. *Oeuvres Complètes*, (Paris; Gallimard, 1949), nos.10,11, pp.980~981.

그러나 현실은 어떠한가? 예를 들어 심각한 금융위기에 처했던 그리스 사태를 뒤 돌아 보자. 슬라보예 지젝은 그리스 총선에서 가장 급진적인 정당인 '시리자'(Syriza)의 승리를 기원하면서 그리스인들의 투쟁은 바로 '우리의' 투쟁이라고 규정했다.[364] 그것은 바로 오늘날 민주주의를 압살하고 있는 전 지구적 자본주의 금융가들과 기술 관료들의 지배에 저항하는 투쟁이기 때문이라는 것이다. 그러면서 그는 그리스인들이 필요로 하는 것은 국제적 연대라고 외쳤지만 그리스인들의 투쟁에 호응한 국제적 연대는 거의 찾아볼 수 없었다. 그리고 그 와중에서 치러진 그리스 총선은 기존의 순종적인 세력의 재집권으로 막을 내렸다. 이렇듯 우리의 현실은 암울하다. 그렇기 때문에 앞서 본 공공성 담론들은 더 가치가 있는 것인지 모른다. 적어도 그 목표는 설정해 놓지 않았는가? 이제 거기서 표출된 원리들을 어떻게 하면 전 지구적으로 실천할 수 있는지를 모색하지 않으면 안 된다. 희망이 없는 것도 아니다. W.T.O로 대표되는 신자유주의적 세계 경제 질서에 분노해 폭발했던 전 세계 노동자들과 농민들의 격렬한 투쟁은 전 지구적 차원의 연대와 행동이 가능함을 보여주는 단적인 예라고 할 수 있지 않은가? 그것은 일부 세력의 자의적 지배에서 벗어나 하나의 공화국으로서 코스모폴리스의 공공성을 회복시키려고 한 투쟁이 아니었던가?

결론적으로 말해 공공성의 회복을 위해서는 더 이상 자유주의에 의

363 David Held, "Principles of Cosmopolitan Order", in Gillian Brock and Harry Brighouse, eds. *The Political Philosophy of Cosmopolitanism* (Cambridge: Cambridge University Press, 2005), p.10

364 Slavoj Žižek, "Save Us From the Saviours", *London Review of Books*, v.34,n.11 (2 June 2012), p.13.

존할 수 없다. 자유주의는 근본적으로 개인의 선택을 존중하는 이념이다. 그것이 타인에게 직접적인 위해를 가하지 않는 한 그것을 그 어떤 권위로도 통제하거나 지도해서는 안 된다는 것이다. 또한 개인의 선택들은 사회에서 충돌하여 좀 더 효용적인 선택이 승리하거나 자연스런 조정 과정을 거쳐 사회를 합리적인 이해타산의 장으로 만든다는 것이다. 이러한 자유주의는 근대 사회의 역사적 발전을 통해 이미 우리에게 내면화 되어버린 가치가 되었다. 그 헤게모니에 도전하고 극복한다는 것은 실로 지난한 일이다. 우리는 자유주의에 도전한 좌우의 이념들이 현실에서 드러낸 패악성과 비효율성을 이미 지난 세기의 역사에서 생생하게 목격했다.

그렇다고 해서 후쿠야마처럼 '역사의 종언'을 선언할 수 있을까? 오늘날의 상황은 그렇게 하기에는 너무 이른 시기임을 또한 여실히 보여주고 있다. 생태 환경적 한계 안에서는 개인들의 자유 선택에 의존하는 한 재분배 프로그램으로도 더 이상 인간의 존엄성은 지켜지기 어렵다는 것은 이제 점점 더 명백해지고 있기 때문이다. 이제 개인의 자유 선택의 원리를 대신할 것을 찾는다면 사회의 공공성을 지향하는 공동선의 원리가 아니고 무엇이겠는가? 내가 원해서 그것을 선택하는 것이 아니라 그렇게 하는 것이 우리 모두에게 좋기 때문에 그것을 선택한다는 원리가 아니고 무엇이겠는가? 그러나 오늘날처럼 다원화된 사회에서는 우리가 익히 알듯이 그것은 그렇게 쉽게 실천할 수 있는 원리는 아니다. 그렇기 때문에 제도적으로나 실존적으로 강요되어야 하는 원리는 더더욱 아니다. 그러한 강요는 폭력이 수반되고 그것은 인간의 자율성을 부정하는 것이기 때문이다. 도대체 개인의 자율성과 공동선은 양립할 수 없다는 말인가? 어떻게 하면 아무리 개인적으로 성취할 수 있는 것이 크다고 하더라도 공동체의 이익이 더 우선시 되어야 한다는 것을 도덕적 행위의 원리로 각인시킬 수 있을까? 아직까지 우리는 그 해답을 찾지 못했다. 해답을 찾았다고 한다면 그것은 종교일 가능성이 크다. 일단 우리가 할 수 있는 것은 자유주의가 어떻게 우리의 삶을 피폐하게 만드는지를 폭로하고 자유주의가 그 노선을 정해 인간들을 그리로 몰고 갈 때 거기에 포섭되지 않아 묵음으로 처리된 다른 목소리들을 현재의 말씀으로 되살리는 것이다. 이 책에서 다룬 지식인들의 담론들은 바로 그 역할을 수행했다.

참고문헌

조승래, 『공화국을 위하여』(길, 2010)

Allen, Anita L. and Regan, Jr. Milton C, eds., *Debating Democracy's Discontent, Essays on American Politics, Law, and Public Philosophy* (Oxford: Oxford University Press, 1998)

Arendt, Hannnah, *The Human Condition* (Chicago, University of Chicago Press, 1958)

_____, *Men in Dark Times* (New York, Harcourt Brace Javanovich, 1972)

_____, *The Origins of Totalitarianism* (New York, Harcourt Brace Javanovich, 1973)

_____, *Crises of the Republic* (New York, Harcourt Brace Javanovich, 1972)

_____, "Public Rights and Private Interests", in M. Mooney and F. Stuber, eds. *Small Comforts for Hard Times: Humanists on Public Policy* (New York, Columbia University Press, 1977), pp.103-108

Berlin, Isaiah, "Two Concepts of Liberty" in *Four Essays on Liberty* (Oxford: Oxford University Press, 1969), pp.118-172

Biagini, E. F, "Neo-Roman Liberalism: "Republican" Values and British Liberalism, ca.1860-1875", *History of European Ideas*, 29, 1 (2003), pp.55-72

Brecher, Jeremy, Childs, John Brown, and Cutler, Jill, eds., *Global Visions: Beyond the New World Order* (Boston: South End Press, 1993)

Burtt, Shelly, "The Politics of Virtue Today: A Critique and a Proposal", *American Political Science Review* 87, 2 (1993), pp.360-368

Canovan, M, "Politics as Culture: Hannah Arendt and Public Realm", *History of*

Political Thought, 6, 3 (1985), pp.617-642

Carens, Joseph, *Equality, Moral Incentives, and the Market, An Essay in Utopian Politico-Economic Theory* (Chicago, The University of Chicago Press, 1981)

Carter, Matt, T. H., *Green and the Development of Ethical Socialism* (Exeter, Imprint Academic, 2003)

Charles Taylor, *Sources of the Self* (Cambridge, Cambridge University Press, 1989)

_____, *Philosophical Arguments* (Cambridge, MA. Harvard University Press, 1995)

Cohen, G.A, *Karl Marx's Theory of History* (Princeton, Princeton University Press, 1978)

_____, *Self-Ownership, Freedom, and Equality* (Cambridge, Cambridge University Press, 1995)

_____, *If You're an Egalitarian, How Come You're So Rich?* (Cambridge, M.A, Harvard University Press, 2000)

_____, *History, Labour, and Freedom* (Oxford, Oxford University Press, 1988)

_____, *Why Not Socialism?* (Princeton, Princeton University Press, 2009)

_____, *On the Currency of Egalitarian Justice and Other Essays in Political Philosophy*, ed. by Otsuka, Michael (Princeton, Princeton University Press, 2011)

_____, *Rescuing Justice and Equality* (Cambridge, M. A, Harvard University Press, 2000)

Condren, Conal, "Public, Private and the Idea of the 'Public Sphere' in Early-Modern England", *Intellectual History Review*, 19.1, (2009), pp.15-28

Constant, Benjamin, "The Liberty of the Ancients Compared with That of the Moderns", in Fontana, Biancamaria, ed. and trans, *Benjamin Constant, Political Writings* (Cambridge, Cambridge University Press, 1988), pp.307-328

d'Entrèves, Maurizio Passerin, "Hannah Arendt and the Idea of Citizenship" in

Chantal Mouffe, ed. *Dimensions of Radical Democracy, Pluralism, Citizenship, Community* (London, Verso, 1992), pp.145-168

Dewey, John, *The Public and Its Problems* (1927)

_____, *Intelligence in the Modern World: John Dewey's Philosophy*, ed. Joseph Ratner (New York, Random House, 1939)

Dimova-Cookson, Maria, T. H, *Geen's Moral and Political Philosophy* (Basingstroke, Palgrave Macmillan, 2001)

Falasca-Zamponi, Simonetta, *Fascist Spectacle, The Aesthetics of Power in Fascist Italy* (Berkeley, University of California Press, 1997)

Gentile, Emilio, "The Sacralization of Politics: Definitions, Interpretations and Reflections on the Question of Secular Religion and Totalitarianism", *Totalitarian Movements and Political Religions*, 1 (2000), pp.18-55

Geuss, Raymond, *Public Goods, Private Goods* (Princeton, Princeton University Press, 2001)

Gobetti, Daniela, *Private and Public, Individuala, Households, and Body Politics in Locke and Hutcheson* (Routledge, London, 1992)

Green, Thomas Hill, "Liberal Legislation and Freedom of Contract", (1881) in *Lectures on the Principle of Political Obligation and Other Writings*, eds. by P. Harris and J. Morrow (Cambridge, 1999)

_____, *Prolegomena to Ethics* (1883)

Harrington, James, *The Commonwealth of Oceana* (1656) in J.G.A.Pocock, ed. *The Political Works of James Harrington* (Cambridge: Cambridge University Press, 1977)

Hayek, F. A, *The Road to Serfdom* (London: George Loutledge &Sons, 1944)

Horton, John and Mendus, Susan, eds., *After MacIntyre, Critical Perspectives on the Work of Alasdair MacIntre* (Cambridge: Polity, 1994)

Laborde, Cécile and Maynor, John, eds., *Republicanism and Political Theory* (Oxford, Oxford, Blackwell, 2008)

Locke, John, *On the Resonableness of Christianity*, ed. by George W. Ewing (Chicago, Regnery, 1965)

Lomasky, Loren, "Liberty and Welfare Goods: Reflections on Clashing Liberalisms", *Journal of Ethics*, 4 (2000), p.99

MacIntyre, Alasdair, *After Virtue, A Study in Moral Theory* (Notre Dam, University of Notre Dame Press, 1981)

Macpherson, C. B., *The Political Theory of Possessive Individualism: Hobbes to Locke* (Oxford: Oxford University Press 1962)

Martí, Joseé Luis and Pettit, Philip, *A Political Philosophy in Public Life, Civic Republicanism in Zapareto's Spain* (Princeton, Princeton University Press, 2010)

Martin, Rex, "T.H. Green on Individual Rights and the Common Good", in Simhony, Avital, and Weinstein, D, eds. *The New Liberalism, Reconciling Liberty and Community* (Cambridge, Cambridge University Press, 2001), pp.49-68

Miller, David, "Socialism and the Market", *Political Theory*, 5.4. (1977), pp.473-489

_____, *Market, State, and Community*; (Oxford, Oxford University Press, 1989)

Nicholson, Peter P, *The Political Philosophy of the British Idealists*, Selected Essays (Cambridge, 1990)

_____, "T.H.Green and State Action: Liquor Legislation", *History of Political Thought*, 6, 3 (1985), pp.519-550

Norman, Richard, *Free and Equal, A Philosophical Examination of Political Values* (Oxford, Oxford University Press, 1987)

Nove, Alec, *The Economics of Feasible Socialism Revisited* (London, Unwin Hyman,1991)

Nozick, Robert, *Anarchy, State, and Utopia* (New York, Basic, 1974)

Nussbaum, Martha, *Cultivating Humanity: A Classical Defence of Reform in Liberal Education* (Cambridge, M.A: Harvard University Press, 1997)

Otter, Sandra Den, "Thinking in Communities': Late Nineteenth-Century Liberals, Idealists and the Retrieval of Community", *Parliamentary History*, 16, 1. (1997), pp.67-84

Parijs, Philippe Van, *Real Freedom for All: What (If Anything) Can Justify Capitalism?* (Oxford, Oxford University Press,1995)

Pettit, Philip, *Republicanism: A Theory of Freedom and Government* (Oxford, Oxford University Press, 1997)

Pocock, J,G.A., *Machiavellian Moment* (Princeton, Princetion University Press, 1993 org. 1975)

Rawls, John, *Political Liberalism* (New York, Columbia University Press, 1996)

_____, *A Theory of Justice* (Cambridge, Mass. Harvard University Press, 1971)

Richter, Melvin, *The Politics of Conscience: T. H. Green and His Age* (London, Weidenfeld Nicolson, 1964)

Rogers, Melvin L, "Republican Confusion and Liberal Clarification", *Philosophy and Social Criticism*, 34 7 (2008), pp.799-824

Sandel, Michael, "The Procedural Republic and the Unencumbered Self", *Political Theory*, 12 (1984), pp.81-96

_____, *Justice, What's the Right thing to Do?* (London, Penguin Books, 2010)

_____, *Liberalism and Limits of Justice* (Cambridge, Cambridge University Press, 1982)

_____, *Democracy's Discontent, America in Search of Public Philosophy* (Cambridge, Mass. Harvard University Press, 1996)

_____, *Public Philosophy* (Cambridge,Mass. Harvard University Press, 2006)

Sandoz, Ellis, "The Civil Theology of Liberal Democracy: Locke and His Predecessors", *Journal of Politics* 34 (1972), pp.2-36

242

Sennet, Richard, *The Fall of Public Man: Om the Social Psychology of Capitalism* (London, Fabre, 1986)

Simhony Avital, "T.H. Green's Complex Common Good: Between Liberalism and Communitarianism", in Simhony, Avital, and Weinstein, D, eds., *The New Liberalism, Reconciling Liberty and Community* (Cambridge, Cambridge University Press, 2001), pp.69-91

Skinner, Quentin, "On Justice, the Common Good and the Priority of Liberty", in Chantal Mouffe, ed. *Dimensions of Radical Democracy* (London, Verso. 1992), pp.211-224

_____, "On Justice, the Common Good and the Priority of Liberty", in Chantal Mouffe, ed. *Dimensions of Radical Democracy; Pluralism, Citizenship, Community* (London, Vreso, 1992), pp.211-224

_____, *Liberty before Liberalism* (Cambridge: Cambridge University Press, 1998)

Stephen Holmes, *Benjamin Constant and the Making of Modern Liberalism* (New Haven, Yale University Press, 1984)

Tyler, Colin, "T.H.Green, Advanced Liberalism and the Reform Question 1865-1876" *History of European Ideas* 29, 4 (2003), pp.437-458

Walzer, Michael, *Spheres of Justice: A Defence of Pluralism and Equality* (New York, Basic Books, 1983)

White, Stuart and Leighton, Daniel, eds., *Building A Citizen Society, The Emerging Politics of Republican Democracy* (London: Lawrence & Wishart, 2008)

Zuckert, Michael, *Launching Liberalism: On Lockean Political Philosophy* (Lawrence, University Press of Kansas, 2002)